I0150774

ALBANESE
VOCABOLARIO

PER STUDIO AUTODIDATTICO

ITALIANO-
ALBANESE

Le parole più utili
Per ampliare il proprio lessico e affinare
le proprie abilità linguistiche

7000 parole

Vocabolario Italiano-Albanese per studio autodidattico - 7000 parole

Di Andrey Taranov

I vocabolari T&P Books si propongono come strumento di aiuto per apprendere, memorizzare e revisionare l'uso di termini stranieri. Il dizionario si divide in vari argomenti che includono la maggior parte delle attività quotidiane, tra cui affari, scienza, cultura, ecc.

Il processo di apprendimento delle parole attraverso i dizionari divisi in liste tematiche della collana T&P Books offre i seguenti vantaggi:

- Le fonti d'informazione correttamente raggruppate garantiscono un buon risultato nella memorizzazione delle parole
- La possibilità di memorizzare gruppi di parole con la stessa radice (piuttosto che memorizzarle separatamente)
- Piccoli gruppi di parole facilitano il processo di apprendimento per associazione, utile al potenziamento lessicale
- Il livello di conoscenza della lingua può essere valutato attraverso il numero di parole apprese

T&P Books Publishing
www.tpbooks.com

ISBN: 978-1-78767-031-0

Questo libro è disponibile anche in formato e-book.
Visitate il sito www.tpbooks.com o le principali librerie online.

VOCABOLARIO ALBANESE
per studio autodidattico

I vocabolari T&P Books si propongono come strumento di aiuto per apprendere, memorizzare e revisionare l'uso di termini stranieri. Il vocabolario contiene oltre 7000 parole di uso comune ordinate per argomenti.

- Il vocabolario contiene le parole più comunemente usate
- È consigliato in aggiunta ad un corso di lingua
- Risponde alle esigenze degli studenti di lingue straniere sia essi principianti o di livello avanzato
- Pratico per un uso quotidiano, per gli esercizi di revisione e di autovalutazione
- Consente di valutare la conoscenza del proprio lessico

Caratteristiche specifiche del vocabolario:

- Le parole sono ordinate secondo il proprio significato e non alfabeticamente
- Le parole sono riportate in tre colonne diverse per facilitare il metodo di revisione e autovalutazione
- I gruppi di parole sono divisi in sottogruppi per facilitare il processo di apprendimento
- Il vocabolario offre una pratica e semplice trascrizione fonetica per ogni termine straniero

Il vocabolario contiene 198 argomenti tra cui:

Concetti di Base, Numeri, Colori, Mesi, Stagioni, Unità di Misura, Abbigliamento e Accessori, Cibo e Alimentazione, Ristorante, Membri della Famiglia, Parenti, Personalità, Sentimenti, Emozioni, Malattie, Città, Visita Turistica, Acquisti, Denaro, Casa, Ufficio, Lavoro d'Ufficio, Import-export, Marketing, Ricerca di un Lavoro, Sport, Istruzione, Computer, Internet, Utensili, Natura, Paesi, Nazionalità e altro ancora …

INDICE

Guida alla pronuncia		10
Abbreviazioni		11

CONCETTI DI BASE		12
Concetti di base. Parte 1		12

1.	Pronomi	12
2.	Saluti. Convenevoli. Saluti di congedo	12
3.	Numeri cardinali. Parte 1	13
4.	Numeri cardinali. Parte 2	14
5.	Numeri. Frazioni	14
6.	Numeri. Operazioni aritmetiche di base	15
7.	Numeri. Varie	15
8.	I verbi più importanti. Parte 1	16
9.	I verbi più importanti. Parte 2	16
10.	I verbi più importanti. Parte 3	17
11.	I verbi più importanti. Parte 4	18
12.	Colori	19
13.	Domande	20
14.	Parole grammaticali. Avverbi. Parte 1	20
15.	Parole grammaticali. Avverbi. Parte 2	22

Concetti di base. Parte 2		24

16.	Giorni della settimana	24
17.	Ore. Giorno e notte	24
18.	Mesi. Stagioni	25
19.	Orario. Varie	27
20.	Contrari	28
21.	Linee e forme	29
22.	Unità di misura	30
23.	Contenitori	31
24.	Materiali	32
25.	Metalli	33

ESSERE UMANO		34
Essere umano. Il corpo umano		34

26.	L'uomo. Concetti di base	34
27.	Anatomia umana	34

28. Testa   35
29. Corpo umano   36

Abbigliamento e Accessori   37

30. Indumenti. Soprabiti   37
31. Abbigliamento uomo e donna   37
32. Abbigliamento. Biancheria intima   38
33. Copricapo   38
34. Calzature   38
35. Tessuti. Stoffe   39
36. Accessori personali   39
37. Abbigliamento. Varie   40
38. Cura della persona. Cosmetici   40
39. Gioielli   41
40. Orologi da polso. Orologio   42

Cibo. Alimentazione   43

41. Cibo   43
42. Bevande   44
43. Verdure   45
44. Frutta. Noci   46
45. Pane. Dolci   47
46. Pietanze cucinate   47
47. Spezie   48
48. Pasti   49
49. Preparazione della tavola   50
50. Ristorante   50

Famiglia, parenti e amici   51

51. Informazioni personali. Moduli   51
52. Membri della famiglia. Parenti   51
53. Amici. Colleghi   52
54. Uomo. Donna   53
55. Età   53
56. Bambini   54
57. Coppie sposate. Vita di famiglia   55

Personalità. Sentimenti. Emozioni   56

58. Sentimenti. Emozioni   56
59. Personalità. Carattere   57
60. Dormire. Sogni   58
61. Umorismo. Risata. Felicità   59
62. Discussione. Conversazione. Parte 1   59
63. Discussione. Conversazione. Parte 2   60
64. Discussione. Conversazione. Parte 3   62
65. Accordo. Rifiuto   62
66. Successo. Fortuna. Fiasco   63
67. Dispute. Sentimenti negativi   64

Medicinali 66

68. Malattie 66
69. Sintomi. Cure. Parte 1 67
70. Sintomi. Cure. Parte 2 68
71. Sintomi. Cure. Parte 3 69
72. Medici 70
73. Medicinali. Farmaci. Accessori 70
74. Fumo. Prodotti di tabaccheria 71

HABITAT UMANO 72
Città 72

75. Città. Vita di città 72
76. Servizi cittadini 73
77. Mezzi pubblici in città 74
78. Visita turistica 75
79. Acquisti 76
80. Denaro 77
81. Posta. Servizio postale 78

Abitazione. Casa 79

82. Casa. Abitazione 79
83. Casa. Ingresso. Ascensore 80
84. Casa. Porte. Serrature 80
85. Casa di campagna 81
86. Castello. Reggia 81
87. Appartamento 82
88. Appartamento. Pulizie 82
89. Arredamento. Interno 82
90. Biancheria da letto 83
91. Cucina 83
92. Bagno 84
93. Elettrodomestici 85
94. Riparazioni. Restauro 86
95. Impianto idraulico 86
96. Incendio. Conflagrazione 87

ATTIVITÀ UMANA 89
Lavoro. Affari. Parte 1 89

97. Attività bancaria 89
98. Telefono. Conversazione telefonica 90
99. Telefono cellulare 90
100. Articoli di cancelleria 91

Lavoro. Affari. Parte 2 92

101. Mezzi di comunicazione di massa 92
102. Agricoltura 93

103. Edificio. Attività di costruzione 94

Professioni e occupazioni 96

104. Ricerca di un lavoro. Licenziamento 96
105. Gente d'affari 96
106. Professioni amministrative 97
107. Professioni militari e gradi 98
108. Funzionari. Sacerdoti 99
109. Professioni agricole 99
110. Professioni artistiche 100
111. Professioni varie 100
112. Attività lavorative. Condizione sociale 102

Sport 103

113. Tipi di sport. Sportivi 103
114. Tipi di sport. Varie 104
115. Palestra 104
116. Sport. Varie 105

Istruzione 107

117. Scuola 107
118. Istituto superiore. Università 108
119. Scienze. Discipline 109
120. Sistema di scrittura. Ortografia 109
121. Lingue straniere 110
122. Personaggi delle fiabe 111
123. Segni zodiacali 112

Arte 113

124. Teatro 113
125. Cinema 114
126. Pittura 115
127. Letteratura e poesia 116
128. Circo 116
129. Musica. Musica pop 117

Ristorante. Intrattenimento. Viaggi 119

130. Escursione. Viaggio 119
131. Hotel 119
132. Libri. Lettura 120
133. Caccia. Pesca 122
134. Ciochi. Biliardo 123
135. Giochi. Carte da gioco 123
136. Riposo. Giochi. Varie 123
137. Fotografia 124
138. Spiaggia. Nuoto 125

ATTREZZATURA TECNICA. MEZZI DI TRASPORTO 126
Attrezzatura tecnica 126

139. Computer 126
140. Internet. Posta elettronica 127

Mezzi di trasporto 129

141. Aeroplano 129
142. Treno 130
143. Nave 131
144. Aeroporto 132
145. Bicicletta. Motocicletta 133

Automobili 134

146. Tipi di automobile 134
147. Automobili. Carrozzeria 134
148. Automobili. Vano passeggeri 135
149. Automobili. Motore 136
150. Automobili. Incidente. Riparazione 137
151. Automobili. Strada 138

GENTE. SITUAZIONI QUOTIDIANE 140
Situazioni quotidiane 140

152. Vacanze. Evento 140
153. Funerali. Sepoltura 141
154. Guerra. Soldati 141
155. Guerra. Azioni militari. Parte 1 143
156. Armi 144
157. Gli antichi 145
158. Il Medio Evo 146
159. Leader. Capo. Le autorità 148
160. Infrangere la legge. Criminali. Parte 1 148
161. Infrangere la legge. Criminali. Parte 2 150
162. Polizia. Legge. Parte 1 151
163. Polizia. Legge. Parte 2 152

LA NATURA 154
La Terra. Parte 1 154

164. L'Universo 154
165. La Terra 155
166. Punti cardinali 156
167. Mare. Oceano 156
168. Montagne 157
169. Fiumi 158
170. Foresta 159
171. Risorse naturali 160

La Terra. Parte 2   161

172. Tempo   161
173. Rigide condizioni metereologiche. Disastri naturali   162

Fauna   163

174. Mammiferi. Predatori   163
175. Animali selvatici   163
176. Animali domestici   164
177. Cani. Razze canine   165
178. Versi emessi dagli animali   166
179. Uccelli   166
180. Uccelli. Cinguettio e versi   168
181. Pesci. Animali marini   168
182. Anfibi. Rettili   169
183. Insetti   169
184. Animali. Parti del corpo   170
185. Animali. Ambiente naturale   170

Flora   172

186. Alberi   172
187. Arbusti   172
188. Funghi   173
189. Frutti. Bacche   173
190. Fiori. Piante   174
191. Cereali, granaglie   175

GEOGRAFIA REGIONALE   176
Paesi. Nazionalità   176

192. Politica. Governo. Parte 1   176
193. Politica. Governo. Parte 2   177
194. Paesi. Varie   178
195. Principali gruppi religiosi. Credi religiosi   179
196. Religioni. Sacerdoti   180
197. Fede. Cristianesimo. Islam   180

VARIE   183

198. Varie parole utili   183

GUIDA ALLA PRONUNCIA

Alfabeto fonetico T&P	Esempio albanese	Esempio italiano
[a]	flas [flas]	macchia
[e], [ɛ]	melodi [mɛlodí]	meno, leggere
[ə]	kërkoj [kərkój]	soldato (dialetto foggiano)
[i]	pikë [píkə]	vittoria
[o]	motor [motór]	notte
[u]	fuqi [fucí]	prugno
[y]	myshk [myʃk]	luccio
[b]	brakë [brákə]	bianco
[c]	oqean [ocɛán]	chiesa
[d]	adoptoj [adoptój]	doccia
[dz]	lexoj [lɛdzój]	zebra
[dʒ]	xham [dʒam]	piangere
[ð]	dhomë [ðómə]	come [z] ma con la lingua fra i denti
[f]	i fortë [i fórtə]	ferrovia
[g]	bullgari [buɫgarí]	guerriero
[h]	jaht [jáht]	[h] aspirate
[j]	hyrje [hýrjɛ]	New York
[ɟ]	zgjedh [zɟɛð]	ghianda
[k]	korik [korík]	cometa
[l]	lëviz [ləvíz]	saluto
[ɫ]	shkallë [ʃkáɫə]	letto
[m]	medalje [mɛdáljɛ]	mostra
[n]	klan [klan]	notte
[ɲ]	spanjoll [spaɲóɫ]	stagno
[ŋ]	trung [truŋ]	anche
[p]	polici [politsí]	pieno
[r]	i erët [i érət]	ritmo, raro
[ɾ]	groshë [gróʃə]	Spagnolo - pero
[s]	spital [spitál]	sapere
[ʃ]	shes [ʃɛs]	ruscello
[t]	tapet [tapét]	tattica
[ts]	batica [batítsa]	calzini
[tʃ]	kaçube [katʃúbɛ]	cinque
[v]	javor [javór]	volare
[z]	horizont [horizónt]	rosa
[ʒ]	kuzhinë [kuʒínə]	beige
[θ]	përkthej [pərkθéj]	Toscana (dialetto toscano)

ABBREVIAZIONI
usate nel vocabolario

Italiano. Abbreviazioni

agg	-	aggettivo
anim.	-	animato
avv	-	avverbio
cong	-	congiunzione
ecc.	-	eccetera
f	-	sostantivo femminile
f pl	-	femminile plurale
fem.	-	femminile
form.	-	formale
inanim.	-	inanimato
inform.	-	familiare
m	-	sostantivo maschile
m pl	-	maschile plurale
m, f	-	maschile, femminile
masc.	-	maschile
mil.	-	militare
pl	-	plurale
pron	-	pronome
qc	-	qualcosa
qn	-	qualcuno
sing.	-	singolare
v aus	-	verbo ausiliare
vi	-	verbo intransitivo
vi, vt	-	verbo intransitivo, transitivo
vr	-	verbo riflessivo
vt	-	verbo transitivo

Albanese. Abbreviazioni

f	-	sostantivo femminile
m	-	sostantivo maschile
pl	-	plurale

CONCETTI DI BASE

Concetti di base. Parte 1

1. Pronomi

io	Unë, mua	[unə], [múa]
tu	ti, ty	[ti], [ty]
lui	ai	[aí]
lei	ajo	[ajó]
esso	ai	[aí]
noi	ne	[nɛ]
voi	ju	[ju]
loro (masc.)	ata	[atá]
loro (fem.)	ato	[ató]

2. Saluti. Convenevoli. Saluti di congedo

Salve!	Përshëndetje!	[pərʃəndétjɛ!]
Buongiorno!	Përshëndetje!	[pərʃəndétjɛ!]
Buongiorno! (la mattina)	Mirëmëngjes!	[mirəmənɟés!]
Buon pomeriggio!	Mirëdita!	[mirədíta!]
Buonasera!	Mirëmbrëma!	[mirəmbrə́ma!]
salutare (vt)	përshëndes	[pərʃəndés]
Ciao! Salve!	Ç'kemi!	[tʃ'kémi!]
saluto (m)	përshëndetje (f)	[pərʃəndétjɛ]
salutare (vt)	përshëndes	[pərʃəndés]
Come sta?	Si jeni?	[si jéni?]
Come stai?	Si je?	[si jɛ?]
Che c'è di nuovo?	Çfarë ka të re?	[tʃfárə ká tə ré?]
Arrivederci!	Mirupafshim!	[mirupáfʃim!]
Ciao!	U pafshim!	[u páfʃim!]
A presto!	Shihemi së shpejti!	[ʃíhɛmi sə ʃpéjti!]
Addio!	Lamtumirë!	[lamtumírə!]
congedarsi (vr)	përshëndetem	[pərʃəndétɛm]
Ciao! (A presto!)	Tungjatjeta!	[tunɟatjéta!]
Grazie!	Faleminderit!	[falɛmindérit!]
Grazie mille!	Faleminderit shumë!	[falɛmindérit ʃúmə!]
Prego	Të lutem	[tə lútɛm]
Non c'è di che!	Asgjë!	[asɟə́!]
Di niente	Asgjë	[asɟə́]

Scusa!	Më fal!	[mə fal!]
Scusi!	Më falni!	[mə fálni!]
scusare (vt)	fal	[fal]

scusarsi (vr)	kërkoj falje	[kərkój fáljɛ]
Chiedo scusa	Kërkoj ndjesë	[kərkój ndjésə]
Mi perdoni!	Më vjen keq!	[mə vjɛn kɛc!]
perdonare (vt)	fal	[fal]
Non fa niente	S'ka gjë!	[s'ka ɟə!]
per favore	të lutem	[tə lútɛm]

Non dimentichi!	Mos harro!	[mos haró!]
Certamente!	Sigurisht!	[siguríʃt!]
Certamente no!	Sigurisht që jo!	[siguríʃt cə jo!]
D'accordo!	Në rregull!	[nə réguɫ!]
Basta!	Mjafton!	[mjaftón!]

3. Numeri cardinali. Parte 1

zero (m)	zero	[zéro]
uno	një	[ɲə]
due	dy	[dy]
tre	tre	[trɛ]
quattro	katër	[kátər]

cinque	pesë	[pésə]
sei	gjashtë	[ɟáʃtə]
sette	shtatë	[ʃtátə]
otto	tetë	[tétə]
nove	nëntë	[nəntə]

dieci	dhjetë	[ðjétə]
undici	njëmbëdhjetë	[ɲəmbəðjétə]
dodici	dymbëdhjetë	[dymbəðjétə]
tredici	trembëdhjetë	[trɛmbəðjétə]
quattordici	katërmbëdhjetë	[katərmbəðjétə]

quindici	pesëmbëdhjetë	[pɛsəmbəðjétə]
sedici	gjashtëmbëdhjetë	[ɟaʃtəmbəðjétə]
diciassette	shtatëmbëdhjetë	[ʃtatəmbəðjétə]
diciotto	tetëmbëdhjetë	[tɛtəmbəðjétə]
diciannove	nëntëmbëdhjetë	[nəntəmbəðjétə]

venti	njëzet	[ɲəzét]
ventuno	njëzet e një	[ɲəzét ɛ ɲə]
ventidue	njëzet e dy	[ɲəzét ɛ dy]
ventitre	njëzet e tre	[ɲəzét ɛ trɛ]

trenta	tridhjetë	[triðjétə]
trentuno	tridhjetë e një	[triðjétə ɛ ɲə]
trentadue	tridhjetë e dy	[triðjétə ɛ dy]
trentatre	tridhjetë e tre	[triðjétə ɛ trɛ]
quaranta	dyzet	[dyzét]
quarantuno	dyzet e një	[dyzét ɛ ɲə]

13

| quarantadue | dyzet e dy | [dyzét ɛ dy] |
| quarantatre | dyzet e tre | [dyzét ɛ trɛ] |

cinquanta	pesëdhjetë	[pɛsəðjétə]
cinquantuno	pesëdhjetë e një	[pɛsəðjétə ɛ ɲə]
cinquantadue	pesëdhjetë e dy	[pɛsəðjétə ɛ dy]
cinquantatre	pesëdhjetë e tre	[pɛsəðjétə ɛ trɛ]

sessanta	gjashtëdhjetë	[ɟaʃtəðjétə]
sessantuno	gjashtëdhjetë e një	[ɟaʃtəðjétə ɛ ɲə]
sessantadue	gjashtëdhjetë e dy	[ɟaʃtəðjétə ɛ dý]
sessantatre	gjashtëdhjetë e tre	[ɟaʃtəðjétə ɛ tré]

settanta	shtatëdhjetë	[ʃtatəðjétə]
settantuno	shtatëdhjetë e një	[ʃtatəðjétə ɛ ɲə]
settantadue	shtatëdhjetë e dy	[ʃtatəðjétə ɛ dy]
settantatre	shtatëdhjetë e tre	[ʃtatəðjétə ɛ trɛ]

ottanta	tetëdhjetë	[tɛtəðjétə]
ottantuno	tetëdhjetë e një	[tɛtəðjétə ɛ ɲə]
ottantadue	tetëdhjetë e dy	[tɛtəðjétə ɛ dy]
ottantatre	tetëdhjetë e tre	[tɛtəðjétə ɛ trɛ]

novanta	nëntëdhjetë	[nəntəðjétə]
novantuno	nëntëdhjetë e një	[nəntəðjétə ɛ ɲə]
novantadue	nëntëdhjetë e dy	[nəntəðjétə ɛ dy]
novantatre	nëntëdhjetë e tre	[nəntəðjétə ɛ trɛ]

4. Numeri cardinali. Parte 2

cento	njëqind	[ɲəcínd]
duecento	dyqind	[dycínd]
trecento	treqind	[trɛcínd]
quattrocento	katërqind	[katərcínd]
cinquecento	pesëqind	[pɛsəcínd]
seicento	gjashtëqind	[ɟaʃtəcínd]
settecento	shtatëqind	[ʃtatəcínd]
ottocento	tetëqind	[tɛtəcínd]
novecento	nëntëqind	[nəntəcínd]

mille	një mijë	[ɲə míjə]
duemila	dy mijë	[dy míjə]
tremila	tre mijë	[trɛ míjə]
diecimila	dhjetë mijë	[ðjétə míjə]
centomila	njëqind mijë	[ɲəcínd míjə]
milione (m)	milion (m)	[milión]
miliardo (m)	miliardë (f)	[miliárdə]

5. Numeri. Frazioni

| frazione (f) | thyesë (f) | [θýɛsə] |
| un mezzo | gjysma | [ɟýsma] |

| un terzo | një e treta | [ɲə ɛ tréta] |
| un quarto | një e katërta | [ɲə ɛ kátərta] |

un ottavo	një e teta	[ɲə ɛ téta]
un decimo	një e dhjeta	[ɲə ɛ ðjéta]
due terzi	dy të tretat	[dy tə trétat]
tre quarti	tre të katërtat	[trɛ tə kátərtat]

6. Numeri. Operazioni aritmetiche di base

sottrazione (f)	zbritje (f)	[zbrítjɛ]
sottrarre (vt)	zbres	[zbrɛs]
divisione (f)	pjesëtim (m)	[pjɛsətím]
dividere (vt)	pjesëtoj	[pjɛsətój]

addizione (f)	mbledhje (f)	[mbléðjɛ]
addizionare (vt)	shtoj	[ʃtoj]
aggiungere (vt)	mbledh	[mbléð]
moltiplicazione (f)	shumëzim (m)	[ʃuməzím]
moltiplicare (vt)	shumëzoj	[ʃuməzój]

7. Numeri. Varie

cifra (f)	shifër (f)	[ʃífər]
numero (m)	numër (m)	[númər]
numerale (m)	numerik (m)	[numɛrík]
meno (m)	minus (m)	[minús]
più (m)	plus (m)	[plus]
formula (f)	formulë (f)	[foɾmúlə]

calcolo (m)	llogaritje (f)	[ɫogarítjɛ]
contare (vt)	numëroj	[numərój]
calcolare (vt)	llogaris	[ɫogarís]
comparare (vt)	krahasoj	[krahasój]

Quanto? Quanti?	Sa?	[saʔ]
somma (f)	shuma (f)	[ʃúma]
risultato (m)	rezultat (m)	[rɛzultát]
resto (m)	mbetje (f)	[mbétjɛ]

qualche ...	disa	[disá]
un po' di ...	pak	[pak]
alcuni, pochi (non molti)	disa	[disá]
poco (non molto)	pak	[pak]
resto (m)	mbetje (f)	[mbétjɛ]
uno e mezzo	një e gjysmë (f)	[ɲə ɛ ɟýsmə]
dozzina (f)	dyzinë (f)	[dyzínə]

in due	përgjysmë	[pərɟýsmə]
in parti uguali	gjysmë për gjysmë	[ɟýsmə pər ɟýsmə]
metà (f), mezzo (m)	gjysmë (f)	[ɟýsmə]
volta (f)	herë (f)	[hérə]

8. I verbi più importanti. Parte 1

accorgersi (vr)	vërej	[vəréj]
afferrare (vt)	kap	[kap]
affittare (dare in affitto)	marr me qira	[mar mɛ cirá]
aiutare (vt)	ndihmoj	[ndihmój]
amare (qn)	dashuroj	[daʃurój]
andare (camminare)	ec në këmbë	[ɛts nə kémbə]
annotare (vt)	mbaj shënim	[mbáj ʃəním]
appartenere (vi)	përkas ...	[pərkás ...]
aprire (vt)	hap	[hap]
arrivare (vi)	arrij	[aríj]
aspettare (vt)	pres	[prɛs]
avere (vt)	kam	[kam]
avere fame	kam uri	[kam urí]
avere fretta	nxitoj	[ndzitój]
avere paura	kam frikë	[kam fríkə]
avere sete	kam etje	[kam étjɛ]
avvertire (vt)	paralajmëroj	[paralajmərój]
cacciare (vt)	dal për gjah	[dál pər ɟáh]
cadere (vi)	bie	[bíɛ]
cambiare (vt)	ndryshoj	[ndryʃój]
capire (vt)	kuptoj	[kuptój]
cenare (vi)	ha darkë	[ha dárkə]
cercare (vt)	kërkoj ...	[kərkój ...]
cessare (vt)	ndaloj	[ndalój]
chiedere (~ aiuto)	thërras	[θərás]
chiedere (domandare)	pyes	[pýɛs]
cominciare (vt)	filloj	[fiɫój]
comparare (vt)	krahasoj	[krahasój]
confondere (vt)	ngatërroj	[ŋatərój]
conoscere (qn)	njoh	[ɲóh]
conservare (vt)	mbaj	[mbáj]
consigliare (vt)	këshilloj	[kəʃiɫój]
contare (calcolare)	numëroj	[numərój]
contare su ...	mbështetem ...	[mbəʃtétɛm ...]
continuare (vt)	vazhdoj	[vaʒdój]
controllare (vt)	kontrolloj	[kontroɫój]
correre (vi)	vrapoj	[vrapój]
costare (vt)	kushton	[kuʃtón]
creare (vt)	krijoj	[krijój]
cucinare (vi)	gatuaj	[gatúaj]

9. I verbi più importanti. Parte 2

dare (vt)	jap	[jap]
dare un suggerimento	aludoj	[aludój]

decorare (adornare)	zbukuroj	[zbukurój]
difendere (~ un paese)	mbroj	[mbrój]
dimenticare (vt)	harroj	[harój]

dire (~ la verità)	them	[θɛm]
dirigere (compagnia, ecc.)	drejtoj	[drɛjtój]
discutere (vt)	diskutoj	[diskutój]
domandare (vt)	pyes	[pýɛs]
dubitare (vi)	dyshoj	[dyʃój]

entrare (vi)	hyj	[hyj]
esigere (vt)	kërkoj	[kərkój]
esistere (vi)	ekzistoj	[ɛkzistój]

essere (vi)	jam	[jam]
essere d'accordo	bie dakord	[bíɛ dakórd]
fare (vt)	bëj	[bəj]
fare colazione	ha mëngjes	[ha mənɟés]

fare il bagno	notoj	[notój]
fermarsi (vr)	ndaloj	[ndalój]
fidarsi (vr)	besoj	[bɛsój]
finire (vt)	përfundoj	[pərfundój]
firmare (~ un documento)	nënshkruaj	[nənʃkrúaj]

giocare (vi)	luaj	[lúaj]
girare (~ a destra)	kthej	[kθɛj]
gridare (vi)	bërtas	[bərtás]
indovinare (vt)	hamendësoj	[hamɛndəsój]
informare (vt)	informoj	[informój]

ingannare (vt)	mashtroj	[maʃtrój]
insistere (vi)	këmbëngul	[kəmbəŋúl]
insultare (vt)	fyej	[fýɛj]
interessarsi di ...	interesohem ...	[intɛrɛsóhɛm ...]
invitare (vt)	ftoj	[ftoj]

lamentarsi (vr)	ankohem	[ankóhɛm]
lasciar cadere	lëshoj	[ləʃój]
lavorare (vi)	punoj	[punój]
leggere (vi, vt)	lexoj	[lɛdzój]
liberare (vt)	çliroj	[tʃlirój]

10. I verbi più importanti. Parte 3

mancare le lezioni	humbas	[humbás]
mandare (vt)	dërgoj	[dərgój]
menzionare (vt)	përmend	[pərménd]
minacciare (vt)	kërcënoj	[kərtsənój]
mostrare (vt)	tregoj	[trɛgój]

nascondere (vt)	fsheh	[fʃéh]
nuotare (vi)	notoj	[notój]
obiettare (vt)	kundërshtoj	[kundərʃtój]

| occorrere (vimp) | nevojitet | [nɛvojítɛt] |
| ordinare (~ il pranzo) | porosis | [porosís] |

ordinare (mil.)	urdhëroj	[urðərój]
osservare (vt)	vëzhgoj	[vəʒgój]
pagare (vi, vt)	paguaj	[pagúaj]
parlare (vi, vt)	flas	[flas]
partecipare (vi)	marr pjesë	[mar pjésə]

pensare (vi, vt)	mendoj	[mɛndój]
perdonare (vt)	fal	[fal]
permettere (vt)	lejoj	[lɛjój]
piacere (vi)	pëlqej	[pəlcéj]
piangere (vi)	qaj	[caj]

pianificare (vt)	planifikoj	[planifikój]
possedere (vt)	zotëroj	[zotərój]
potere (v aus)	mund	[mund]
pranzare (vi)	ha drekë	[ha drékə]
preferire (vt)	preferoj	[prɛfɛrój]

pregare (vi, vt)	lutem	[lútɛm]
prendere (vt)	marr	[mar]
prevedere (vt)	parashikoj	[paraʃikój]
promettere (vt)	premtoj	[prɛmtój]
pronunciare (vt)	shqiptoj	[ʃciptój]

proporre (vt)	propozoj	[propozój]
punire (vt)	ndëshkoj	[ndəʃkój]
raccomandare (vt)	rekomandoj	[rɛkomandój]
ridere (vi)	qesh	[cɛʃ]
rifiutarsi (vr)	refuzoj	[rɛfuzój]

rincrescere (vi)	pendohem	[pɛndóhɛm]
ripetere (ridire)	përsëris	[pərsərís]
riservare (vt)	rezervoj	[rɛzɛrvój]
rispondere (vi, vt)	përgjigjem	[pərɟíɟɛm]
rompere (spaccare)	ndahem	[ndáhɛm]
rubare (~ i soldi)	vjedh	[vjɛð]

11. I verbi più importanti. Parte 4

salvare (~ la vita a qn)	shpëtoj	[ʃpətój]
sapere (vt)	di	[di]
sbagliare (vi)	gaboj	[gabój]
scavare (vt)	gërmoj	[gərmój]
scegliere (vt)	zgjedh	[zɟɛð]

scendere (vi)	zbres	[zbrɛs]
scherzare (vi)	bëj shaka	[bəj ʃaká]
scrivere (vt)	shkruaj	[ʃkrúaj]
scusare (vt)	fal	[fal]
scusarsi (vr)	kërkoj falje	[kərkój fáljɛ]
sedersi (vr)	ulem	[úlɛm]

seguire (vt)	ndjek …	[ndjék …]
sgridare (vt)	qortoj	[cortój]
significare (vt)	nënkuptoj	[nənkuptój]
sorridere (vi)	buzëqesh	[buzəcéʃ]

sottovalutare (vt)	nënvlerësoj	[nənvlɛrəsój]
sparare (vi)	qëlloj	[cəɫój]
sperare (vi, vt)	shpresoj	[ʃprɛsój]
spiegare (vt)	shpjegoj	[ʃpjɛgój]
studiare (vt)	studioj	[studiój]

stupirsi (vr)	çuditem	[tʃudítɛm]
tacere (vi)	hesht	[hɛʃt]
tentare (vt)	përpiqem	[pərpícɛm]
toccare (~ con le mani)	prek	[prɛk]
tradurre (vt)	përkthej	[pərkθéj]

trovare (vt)	gjej	[ɟéj]
uccidere (vt)	vras	[vras]
udire (percepire suoni)	dëgjoj	[dəɟój]
unire (vt)	bashkoj	[baʃkój]
uscire (vi)	dal	[dal]

vantarsi (vr)	mburrem	[mbúrɛm]
vedere (vt)	shikoj	[ʃikój]
vendere (vt)	shes	[ʃɛs]
volare (vi)	fluturoj	[fluturój]
volere (desiderare)	dëshiroj	[dəʃirój]

12. Colori

colore (m)	ngjyrë (f)	[nɟýrə]
sfumatura (f)	nuancë (f)	[nuántsə]
tono (m)	tonalitet (m)	[tonalitét]
arcobaleno (m)	ylber (m)	[ylbér]

bianco (agg)	e bardhë	[ɛ bárðə]
nero (agg)	e zezë	[ɛ zézə]
grigio (agg)	gri	[gri]

verde (agg)	jeshile	[jɛʃílɛ]
giallo (agg)	e verdhë	[ɛ vérðə]
rosso (agg)	e kuqe	[ɛ kúcɛ]

blu (agg)	blu	[blu]
azzurro (agg)	bojëqielli	[bojəciéɫi]
rosa (agg)	rozë	[rózə]
arancione (agg)	portokalli	[portokáɫi]
violetto (agg)	bojëvjollcë	[bojəvjóɫtsə]
marrone (agg)	kafe	[káfɛ]

d'oro (agg)	e artë	[ɛ ártə]
argenteo (agg)	e argjendtë	[ɛ arɟéndtə]
beige (agg)	bezhë	[béʒə]

color crema (agg)	krem	[krɛm]
turchese (agg)	e bruztë	[ɛ brúztə]
rosso ciliegia (agg)	qershi	[cɛrʃí]
lilla (agg)	jargavan	[jargaván]
rosso lampone (agg)	e kuqe e thellë	[ɛ kúcɛ ɛ θéłə]

chiaro (agg)	e hapur	[ɛ hápur]
scuro (agg)	e errët	[ɛ érət]
vivo, vivido (agg)	e ndritshme	[ɛ ndrítʃmɛ]

colorato (agg)	e ngjyrosur	[ɛ nɟyrósur]
a colori	ngjyrë	[nɟýrə]
bianco e nero (agg)	bardhë e zi	[bárðə ɛ zi]
in tinta unita	njëngjyrëshe	[nənɟýrəʃɛ]
multicolore (agg)	shumëngjyrëshe	[ʃumənɟýrəʃɛ]

13. Domande

Chi?	Kush?	[kuʃ?]
Che cosa?	Çka?	[tʃká?]
Dove? (in che luogo?)	Ku?	[ku?]
Dove? (~ vai?)	Për ku?	[pər ku?]
Di dove?, Da dove?	Nga ku?	[ŋa ku?]
Quando?	Kur?	[kur?]
Perché? (per quale scopo?)	Pse?	[psɛ?]
Perché? (per quale ragione?)	Pse?	[psɛ?]

Per che cosa?	Për çfarë arsye?	[pər tʃfárə arsýɛ?]
Come?	Si?	[si?]
Che? (~ colore è?)	Çfarë?	[tʃfárə?]
Quale?	Cili?	[tsíli?]

A chi?	Kujt?	[kújt?]
Di chi?	Për kë?	[pər kə?]
Di che cosa?	Për çfarë?	[pər tʃfárə?]
Con chi?	Me kë?	[mɛ kə?]

Quanti?, Quanto?	Sa?	[sa?]
Di chi?	Të kujt?	[tə kujt?]

14. Parole grammaticali. Avverbi. Parte 1

Dove?	Ku?	[ku?]
qui (in questo luogo)	këtu	[kətú]
lì (in quel luogo)	atje	[atjé]

da qualche parte (essere ~)	diku	[dikú]
da nessuna parte	askund	[askúnd]

vicino a ...	afër	[áfər]
vicino alla finestra	tek dritarja	[tɛk dritárja]
Dove?	Për ku?	[pər ku?]

qui (vieni ~)	këtu	[kətú]
ci (~ vado stasera)	atje	[atjé]
da qui	nga këtu	[ŋa kətú]
da lì	nga atje	[ŋa atjɛ]

vicino, accanto (avv)	pranë	[pránə]
lontano (avv)	larg	[larg]

vicino (~ a Parigi)	afër	[áfər]
vicino (qui ~)	pranë	[pránə]
non lontano	jo larg	[jo lárg]

sinistro (agg)	majtë	[májtə]
a sinistra (rimanere ~)	majtas	[májtas]
a sinistra (girare ~)	në të majtë	[nə tə májtə]

destro (agg)	djathtë	[djáθtə]
a destra (rimanere ~)	djathtas	[djáθtas]
a destra (girare ~)	në të djathtë	[nə tə djáθtə]

davanti	përballë	[pərbáɫə]
anteriore (agg)	i përparmë	[i pərpármə]
avanti	përpara	[pərpára]

dietro (avv)	prapa	[prápa]
da dietro	nga prapa	[ŋa prápa]
indietro	pas	[pas]

mezzo (m), centro (m)	mes (m)	[mɛs]
in mezzo, al centro	në mes	[nə mɛs]

di fianco	në anë	[nə anə]
dappertutto	kudo	[kúdo]
attorno	përreth	[pəréθ]

da dentro	nga brenda	[ŋa brénda]
da qualche parte (andare ~)	diku	[dikú]
dritto (direttamente)	drejt	[dréjt]
indietro	pas	[pas]

da qualsiasi parte	nga kudo	[ŋa kúdo]
da qualche posto	nga diku	[ŋa dikú]
(veniamo ~)		

in primo luogo	së pari	[sə pári]
in secondo luogo	së dyti	[sə dýti]
in terzo luogo	së treti	[sə tréti]

all'improvviso	befas	[béfas]
all'inizio	në fillim	[nə fiɫím]
per la prima volta	për herë të parë	[pər hérə tə párə]
molto tempo prima di...	shumë përpara ...	[ʃúmə pərpára ...]
di nuovo	sërish	[səríʃ]
per sempre	një herë e mirë	[ɲə hérə ɛ mírə]
mai	kurrë	[kúrə]
ancora	përsëri	[pərsərí]

adesso	tani	[táni]
spesso (avv)	shpesh	[ʃpɛʃ]
allora	atëherë	[atəhérə]
urgentemente	urgjent	[urɟént]
di solito	zakonisht	[zakoníʃt]

a proposito, ...	meqë ra fjala, ...	[méca ra fjála, ...]
è possibile	ndoshta	[ndóʃta]
probabilmente	mundësisht	[mundəsíʃt]
forse	mbase	[mbásɛ]
inoltre ...	përveç	[pərvétʃ]
ecco perché ...	ja përse ...	[ja pərsé ...]
nonostante (~ tutto)	pavarësisht se ...	[pavarəsíʃt sɛ ...]
grazie a ...	falë ...	[fálə ...]

che cosa (pron)	çfarë	[tʃfárə]
che (cong)	që	[cə]
qualcosa (qualsiasi cosa)	diçka	[ditʃká]
qualcosa (le serve ~?)	ndonji gjë	[ndoɲí ɟə]
niente	asgjë	[asɟə́]

chi (pron)	kush	[kuʃ]
qualcuno (annuire a ~)	dikush	[dikúʃ]
qualcuno (dipendere da ~)	dikush	[dikúʃ]

nessuno	askush	[askúʃ]
da nessuna parte	askund	[askúnd]
di nessuno	i askujt	[i askújt]
di qualcuno	i dikujt	[i dikújt]

così (era ~ arrabbiato)	aq	[ác]
anche (penso ~ a ...)	gjithashtu	[ɟiθaʃtú]
anche, pure	gjithashtu	[ɟiθaʃtú]

15. Parole grammaticali. Avverbi. Parte 2

Perché?	Pse?	[psɛ?]
per qualche ragione	për një arsye	[pər ɲə arsýɛ]
perché ...	sepse ...	[sɛpsé ...]
per qualche motivo	për ndonjë shkak	[pər ndóɲə ʃkak]

e (cong)	dhe	[ðɛ]
o (sì ~ no?)	ose	[ósɛ]
ma (però)	por	[por]
per (~ me)	për	[pər]

troppo	tepër	[tépər]
solo (avv)	vetëm	[vétəm]
esattamente	pikërisht	[pikəríʃt]
circa (~ 10 dollari)	rreth	[rɛθ]

approssimativamente	përafërsisht	[pərafərsíʃt]
approssimativo (agg)	përafërt	[pəráfərt]
quasi	pothuajse	[poθúajsɛ]

resto	mbetje (f)	[mbétjɛ]
l'altro (~ libro)	tjetri	[tjétri]
altro (differente)	tjetër	[tjétər]
ogni (agg)	çdo	[tʃdo]
qualsiasi (agg)	çfarëdo	[tʃfarədó]
molti	disa	[disá]
molto (avv)	shumë	[ʃúmə]
molta gente	shumë njerëz	[ʃúmə ɲérəz]
tutto, tutti	të gjithë	[tə ɟíθə]
in cambio di ...	në vend të ...	[nə vénd tə ...]
in cambio	në shkëmbim të ...	[nə ʃkəmbím tə ...]
a mano (fatto ~)	me dorë	[mɛ dórə]
poco probabile	vështirë se ...	[vəʃtírə sɛ ...]
probabilmente	mundësisht	[mundəsíʃt]
apposta	me qëllim	[mɛ cəɫím]
per caso	aksidentalisht	[aksidɛntalíʃt]
molto (avv)	shumë	[ʃúmə]
per esempio	për shembull	[pər ʃémbuɫ]
fra (~ due)	midis	[midís]
fra (~ più di due)	rreth	[rɛθ]
tanto (quantità)	kaq shumë	[kác ʃúmə]
soprattutto	veçanërisht	[vɛtʃanəríʃt]

Concetti di base. Parte 2

16. Giorni della settimana

lunedì (m)	E hënë (f)	[ɛ hénə]
martedì (m)	E martë (f)	[ɛ mártə]
mercoledì (m)	E mërkurë (f)	[ɛ mərkúrə]
giovedì (m)	E enjte (f)	[ɛ éɲtɛ]
venerdì (m)	E premte (f)	[ɛ prémtɛ]
sabato (m)	E shtunë (f)	[ɛ ʃtúnə]
domenica (f)	E dielë (f)	[ɛ díɛlə]

oggi (avv)	sot	[sot]
domani	nesër	[nésər]
dopodomani	pasnesër	[pasnésər]
ieri (avv)	dje	[djé]
l'altro ieri	pardje	[pardjé]

giorno (m)	ditë (f)	[dítə]
giorno (m) lavorativo	ditë pune (f)	[dítə púnɛ]
giorno (m) festivo	festë kombëtare (f)	[féstə kombətárɛ]
giorno (m) di riposo	ditë pushim (m)	[dítə puʃím]
fine (m) settimana	fundjavë (f)	[fundjávə]

tutto il giorno	gjithë ditën	[ɟíθə dítən]
l'indomani	ditën pasardhëse	[dítən pasárðəsɛ]
due giorni fa	dy ditë më parë	[dy dítə mə párə]
il giorno prima	një ditë më parë	[nə dítə mə párə]
quotidiano (agg)	ditor	[ditór]
ogni giorno	çdo ditë	[tʃdo dítə]

settimana (f)	javë (f)	[jávə]
la settimana scorsa	javën e kaluar	[jávən ɛ kalúar]
la settimana prossima	javën e ardhshme	[jávən ɛ árðʃmɛ]
settimanale (agg)	javor	[javór]
ogni settimana	çdo javë	[tʃdo jávə]
due volte alla settimana	dy herë në javë	[dy hérə nə jávə]
ogni martedì	çdo të martë	[tʃdo tə mártə]

17. Ore. Giorno e notte

mattina (f)	mëngjes (m)	[mənɟés]
di mattina	në mëngjes	[nə mənɟés]
mezzogiorno (m)	mesditë (f)	[mɛsdítə]
nel pomeriggio	pasdite	[pasdítɛ]

sera (f)	mbrëmje (f)	[mbrémjɛ]
di sera	në mbrëmje	[nə mbrémjɛ]

notte (f)	natë (f)	[nátə]
di notte	natën	[nátən]
mezzanotte (f)	mesnatë (f)	[mɛsnátə]

secondo (m)	sekondë (f)	[sɛkóndə]
minuto (m)	minutë (f)	[minútə]
ora (f)	orë (f)	[órə]
mezzora (f)	gjysmë ore (f)	[ɟýsmə órɛ]
un quarto d'ora	çerek ore (m)	[tʃɛrék órɛ]
quindici minuti	pesëmbëdhjetë minuta	[pɛsəmbəðjétə minúta]
ventiquattro ore	24 orë	[ɲəzét ɛ kátər órə]

levata (f) del sole	agim (m)	[agím]
alba (f)	agim (m)	[agím]
mattutino (m)	mëngjes herët (m)	[mənɟés hérət]
tramonto (m)	perëndim dielli (m)	[pɛrəndím diéɬi]

di buon mattino	herët në mëngjes	[hérət nə mənɟés]
stamattina	sot në mëngjes	[sot nə mənɟés]
domattina	nesër në mëngjes	[nésər nə mənɟés]
oggi pomeriggio	sot pasdite	[sot pasdítɛ]
nel pomeriggio	pasdite	[pasdítɛ]
domani pomeriggio	nesër pasdite	[nésər pasdítɛ]
stasera	sonte në mbrëmje	[sóntɛ nə mbrəmjɛ]
domani sera	nesër në mbrëmje	[nésər nə mbrémjɛ]

alle tre precise	në orën 3 fiks	[nə órən trɛ fiks]
verso le quattro	rreth orës 4	[rɛθ órəs kátər]
per le dodici	deri në orën 12	[déri nə órən dymbəðjétə]

fra venti minuti	për 20 minuta	[pər ɲəzét minúta]
fra un'ora	për një orë	[pər ɲə órə]
puntualmente	në orar	[nə orár]

un quarto di ...	çerek ...	[tʃɛrék ...]
entro un'ora	brenda një ore	[brénda ɲə órɛ]
ogni quindici minuti	çdo 15 minuta	[tʃdo pɛsəmbəðjétə minúta]
giorno e notte	gjithë ditën	[ɟíθə dítən]

18. Mesi. Stagioni

gennaio (m)	Janar (m)	[janár]
febbraio (m)	Shkurt (m)	[ʃkurt]
marzo (m)	Mars (m)	[mars]
aprile (m)	Prill (m)	[priɬ]
maggio (m)	Maj (m)	[maj]
giugno (m)	Qershor (m)	[cɛrʃór]

luglio (m)	Korrik (m)	[korík]
agosto (m)	Gusht (m)	[guʃt]
settembre (m)	Shtator (m)	[ʃtatór]
ottobre (m)	Tetor (m)	[tɛtór]
novembre (m)	Nëntor (m)	[nəntór]
dicembre (m)	Dhjetor (m)	[ðjɛtór]

primavera (f)	pranverë (f)	[pranvérə]
in primavera	në pranverë	[nə pranvérə]
primaverile (agg)	pranveror	[pranvɛrór]
estate (f)	verë (f)	[vérə]
in estate	në verë	[nə vérə]
estivo (agg)	veror	[vɛrór]
autunno (m)	vjeshtë (f)	[vjéʃtə]
in autunno	në vjeshtë	[nə vjéʃtə]
autunnale (agg)	vjeshtor	[vjéʃtor]
inverno (m)	dimër (m)	[dímər]
in inverno	në dimër	[nə dímər]
invernale (agg)	dimëror	[dimərór]
mese (m)	muaj (m)	[múaj]
questo mese	këtë muaj	[kətə múaj]
il mese prossimo	muajin tjetër	[múajin tjétər]
il mese scorso	muajin e kaluar	[múajin ɛ kalúar]
un mese fa	para një muaji	[pára ɲə múaji]
fra un mese	pas një muaji	[pas ɲə múaji]
fra due mesi	pas dy muajsh	[pas dy múajʃ]
un mese intero	gjithë muajin	[ɟíθə múajin]
per tutto il mese	gjatë gjithë muajit	[ɟátə ɟíθə múajit]
mensile (rivista ~)	mujor	[mujór]
mensilmente	mujor	[mujór]
ogni mese	çdo muaj	[tʃdo múaj]
due volte al mese	dy herë në muaj	[dy hérə nə múaj]
anno (m)	vit (m)	[vit]
quest'anno	këtë vit	[kətə vít]
l'anno prossimo	vitin tjetër	[vítin tjétər]
l'anno scorso	vitin e kaluar	[vítin ɛ kalúar]
un anno fa	para një viti	[pára ɲə víti]
fra un anno	për një vit	[pər ɲə vit]
fra due anni	për dy vite	[pər dy vítɛ]
un anno intero	gjithë vitin	[ɟíθə vítin]
per tutto l'anno	gjatë gjithë vitit	[ɟátə ɟíθə vítit]
ogni anno	çdo vit	[tʃdo vít]
annuale (agg)	vjetor	[vjɛtór]
annualmente	çdo vit	[tʃdo vít]
quattro volte all'anno	4 herë në vit	[kátər hérə nə vit]
data (f) (~ di oggi)	datë (f)	[dátə]
data (f) (~ di nascita)	data (f)	[dáta]
calendario (m)	kalendar (m)	[kalɛndár]
mezz'anno (m)	gjysmë viti	[ɟýsmə víti]
semestre (m)	gjashtë muaj	[ɟáʃtə múaj]
stagione (f) (estate, ecc.)	stinë (f)	[stínə]
secolo (m)	shekull (m)	[ʃékuɫ]

19. Orario. Varie

tempo (m)	kohë (f)	[kóhə]
istante (m)	çast, moment (m)	[tʃást], [momént]
momento (m)	çast (m)	[tʃást]
istantaneo (agg)	i çastit	[i tʃástit]
periodo (m)	interval (m)	[intɛrvál]
vita (f)	jetë (f)	[jétə]
eternità (f)	përjetësi (f)	[pərjɛtəsí]

epoca (f)	epokë (f)	[ɛpókə]
era (f)	erë (f)	[érə]
ciclo (m)	cikël (m)	[tsíkəl]
periodo (m)	periudhë (f)	[pɛriúðə]
scadenza (f)	afat (m)	[afát]

futuro (m)	ardhmëria (f)	[arðməría]
futuro (agg)	e ardhme	[ɛ árðmɛ]
la prossima volta	herën tjetër	[hérən tjétər]
passato (m)	e shkuara (f)	[ɛ ʃkúara]
scorso (agg)	kaluar	[kalúar]
la volta scorsa	herën e fundit	[hérən ɛ fúndit]

più tardi	më vonë	[mə vónə]
dopo	pas	[pas]
oggigiorno	në këto kohë	[nə kəto kóhə]
adesso, ora	tani	[táni]
immediatamente	menjëherë	[mɛɲəhérə]
fra poco, presto	së shpejti	[sə ʃpéjti]
in anticipo	paraprakisht	[paraprakíʃt]

tanto tempo fa	para shumë kohësh	[pára ʃúmə kóhəʃ]
di recente	së fundmi	[sə fúndmi]
destino (m)	fat (m)	[fat]
ricordi (m pl)	kujtime (pl)	[kujtímɛ]
archivio (m)	arkiva (f)	[arkíva]

durante …	gjatë …	[ɟátə …]
a lungo	gjatë, kohë e gjatë	[ɟátə], [kóhə ɛ ɟátə]
per poco tempo	jo gjatë	[jo ɟátə]
presto (al mattino ~)	herët	[hérət]
tardi (non presto)	vonë	[vónə]

per sempre	përjetë	[pərjétə]
cominciare (vt)	filloj	[fiɫój]
posticipare (vt)	shtyj	[ʃtyj]

simultaneamente	njëkohësisht	[ɲəkohəsíʃt]
tutto il tempo	përhershëm	[pərhérʃəm]
costante (agg)	vazhdueshme	[vaʒdúɛʃmɛ]
temporaneo (agg)	i përkohshëm	[i pərkóhʃəm]

a volte	ndonjëherë	[ndoɲəhérə]
raramente	rrallë	[ráɫə]
spesso (avv)	shpesh	[ʃpɛʃ]

20. Contrari

ricco (agg)	i pasur	[i pásur]
povero (agg)	i varfër	[i várfər]
malato (agg)	i sëmurë	[i səmúrə]
sano (agg)	mirë	[mírə]
grande (agg)	i madh	[i máð]
piccolo (agg)	i vogël	[i vógəl]
rapidamente	shpejt	[ʃpɛjt]
lentamente	ngadalë	[ŋadálə]
veloce (agg)	i shpejtë	[i ʃpéjtə]
lento (agg)	i ngadaltë	[i ŋadáltə]
allegro (agg)	i kënaqur	[i kənácur]
triste (agg)	i mërzitur	[i mərzítur]
insieme	së bashku	[sə báʃku]
separatamente	veç e veç	[vɛtʃ ɛ vɛtʃ]
ad alta voce (leggere ~)	me zë	[mɛ zə]
in silenzio	pa zë	[pa zə]
alto (agg)	i lartë	[i lártə]
basso (agg)	i ulët	[i úlət]
profondo (agg)	i thellë	[i θétə]
basso (agg)	i cekët	[i tsékət]
sì	po	[po]
no	jo	[jo]
lontano (agg)	i largët	[i lárgət]
vicino (agg)	afër	[áfər]
lontano (avv)	larg	[larg]
vicino (avv)	pranë	[pránə]
lungo (agg)	i gjatë	[i ɟátə]
corto (agg)	i shkurtër	[i ʃkúrtər]
buono (agg)	i mirë	[i mírə]
cattivo (agg)	djallëzor	[djałəzór]
sposato (agg)	i martuar	[i martúar]
celibe (agg)	beqar	[bɛcár]
vietare (vt)	ndaloj	[ndalój]
permettere (vt)	lejoj	[lɛjój]
fine (f)	fund (m)	[fund]
inizio (m)	fillim (m)	[fiɫím]

sinistro (agg)	majtë	[májtə]
destro (agg)	djathtë	[djáθtə]
primo (agg)	i pari	[i pári]
ultimo (agg)	i fundit	[i fúndit]
delitto (m)	krim (m)	[krim]
punizione (f)	ndëshkim (m)	[ndəʃkím]
ordinare (vt)	urdhëroj	[urðərój]
obbedire (vi)	bindem	[bíndɛm]
dritto (agg)	i drejtë	[i dréjtə]
curvo (agg)	i harkuar	[i harkúar]
paradiso (m)	parajsë (f)	[parájsə]
inferno (m)	ferr (m)	[fɛr]
nascere (vi)	lind	[lind]
morire (vi)	vdes	[vdɛs]
forte (agg)	i fortë	[i fórtə]
debole (agg)	i dobët	[i dóbət]
vecchio (agg)	plak	[plak]
giovane (agg)	i ri	[i rí]
vecchio (agg)	i vjetër	[i vjétər]
nuovo (agg)	i ri	[i rí]
duro (agg)	i fortë	[i fórtə]
morbido (agg)	i butë	[i bútə]
caldo (agg)	ngrohtë	[ŋróhtə]
freddo (agg)	i ftohtë	[i ftóhtə]
grasso (agg)	i shëndoshë	[i ʃəndóʃə]
magro (agg)	i dobët	[i dóbət]
stretto (agg)	i ngushtë	[i ŋúʃtə]
largo (agg)	i gjerë	[i ɟérə]
buono (agg)	i mirë	[i mírə]
cattivo (agg)	i keq	[i kéc]
valoroso (agg)	guximtar	[gudzimtár]
codardo (agg)	frikacak	[frikatsák]

21. Linee e forme

quadrato (m)	katror (m)	[katrór]
quadrato (agg)	katrore	[katrórɛ]
cerchio (m)	rreth (m)	[rɛθ]
rotondo (agg)	i rrumbullakët	[i rumbuɫákət]

| triangolo (m) | trekëndësh (m) | [trékəndəʃ] |
| triangolare (agg) | trekëndor | [trɛkəndór] |

ovale (m)	oval (f)	[ovál]
ovale (agg)	ovale	[oválɛ]
rettangolo (m)	drejtkëndësh (m)	[drɛjtkéndəʃ]
rettangolare (agg)	drejtkëndor	[drɛjtkəndór]

piramide (f)	piramidë (f)	[piramídə]
rombo (m)	romb (m)	[romb]
trapezio (m)	trapezoid (m)	[trapɛzoíd]
cubo (m)	kub (m)	[kub]
prisma (m)	prizëm (m)	[prízəm]

circonferenza (f)	perimetër (m)	[pɛrimétər]
sfera (f)	sferë (f)	[sférə]
palla (f)	top (m)	[top]

diametro (m)	diametër (m)	[diamétər]
raggio (m)	sipërfaqe (f)	[sipərfácɛ]
perimetro (m)	perimetër (m)	[pɛrimétər]
centro (m)	qendër (f)	[céndər]

orizzontale (agg)	horizontal	[horizontál]
verticale (agg)	vertikal	[vɛrtikál]
parallela (f)	paralele (f)	[paralélɛ]
parallelo (agg)	paralel	[paralél]

linea (f)	vijë (f)	[víjə]
tratto (m)	vizë (f)	[vízə]
linea (f) retta	vijë e drejtë (f)	[víjə ɛ dréjtə]
linea (f) curva	kurbë (f)	[kúrbə]
sottile (uno strato ~)	e hollë	[ɛ hółə]
contorno (m)	kontur (f)	[kontúr]

intersezione (f)	kryqëzim (m)	[krycəzím]
angolo (m) retto	kënd i drejtë (m)	[kənd i dréjtə]
segmento	segment (m)	[sɛgmént]
settore (m)	sektor (m)	[sɛktór]
lato (m)	anë (f)	[ánə]
angolo (m)	kënd (m)	[kə́nd]

22. Unità di misura

peso (m)	peshë (f)	[péʃə]
lunghezza (f)	gjatësi (f)	[ɟatəsí]
larghezza (f)	gjerësi (f)	[ɟɛrəsí]
altezza (f)	lartësi (f)	[lartəsí]
profondità (f)	thellësi (f)	[θɛłəsí]
volume (m)	vëllim (m)	[vəłím]
area (f)	sipërfaqe (f)	[sipərfácɛ]

| grammo (m) | gram (m) | [gram] |
| milligrammo (m) | miligram (m) | [miligrám] |

chilogrammo (m)	kilogram (m)	[kilográm]
tonnellata (f)	ton (m)	[ton]
libbra (f)	paund (m)	[páund]
oncia (f)	ons (m)	[ons]

metro (m)	metër (m)	[métər]
millimetro (m)	milimetër (m)	[milimétər]
centimetro (m)	centimetër (m)	[tsɛntimétər]
chilometro (m)	kilometër (m)	[kilométər]
miglio (m)	milje (f)	[míljɛ]

pollice (m)	inç (m)	[intʃ]
piede (f)	këmbë (f)	[kə́mbə]
iarda (f)	jard (m)	[járd]

| metro (m) quadro | metër katror (m) | [métər katrór] |
| ettaro (m) | hektar (m) | [hɛktár] |

litro (m)	litër (m)	[lítər]
grado (m)	gradë (f)	[grádə]
volt (m)	volt (m)	[volt]
ampere (m)	amper (m)	[ampér]
cavallo vapore (m)	kuaj-fuqi (f)	[kúaj-fucí]

quantità (f)	sasi (f)	[sasí]
un po' di ...	pak ...	[pak ...]
metà (f)	gjysmë (f)	[ɟýsmə]
dozzina (f)	dyzinë (f)	[dyzínə]
pezzo (m)	copë (f)	[tsópə]

| dimensione (f) | madhësi (f) | [maðəsí] |
| scala (f) (modello in ~) | shkallë (f) | [ʃkáłə] |

minimo (agg)	minimale	[minimálɛ]
minore (agg)	më i vogli	[mə i vógli]
medio (agg)	i mesëm	[i mésəm]
massimo (agg)	maksimale	[maksimálɛ]
maggiore (agg)	më i madhi	[mə i máði]

23. Contenitori

barattolo (m) di vetro	kavanoz (m)	[kavanóz]
latta, lattina (f)	kanoçe (f)	[kanótʃɛ]
secchio (m)	kovë (f)	[kóvə]
barile (m), botte (f)	fuçi (f)	[futʃí]

catino (m)	legen (m)	[lɛgén]
serbatoio (m) (per liquidi)	tank (m)	[tank]
fiaschetta (f)	faqore (f)	[facórɛ]
tanica (f)	bidon (m)	[bidón]
cisterna (f)	cisternë (f)	[tsistérnə]

| tazza (f) | tas (m) | [tas] |
| tazzina (f) (~ di caffé) | filxhan (m) | [fildʒán] |

piattino (m)	pjatë filxhani (f)	[pjátə fildʒáni]
bicchiere (m) (senza stelo)	gotë (f)	[gótə]
calice (m)	gotë vere (f)	[gótə vérɛ]
casseruola (f)	tenxhere (f)	[tɛndʒérɛ]

bottiglia (f)	shishe (f)	[ʃíʃɛ]
collo (m) (~ della bottiglia)	grykë	[grýkə]

caraffa (f)	brokë (f)	[brókə]
brocca (f)	shtambë (f)	[ʃtámbə]
recipiente (m)	enë (f)	[énə]
vaso (m) di coccio	enë (f)	[énə]
vaso (m) di fiori	vazo (f)	[vázo]

boccetta (f) (~ di profumo)	shishe (f)	[ʃíʃɛ]
fiala (f)	shishkë (f)	[ʃíʃkə]
tubetto (m)	tubet (f)	[tubét]

sacco (m) (~ di patate)	thes (m)	[θɛs]
sacchetto (m) (~ di plastica)	qese (f)	[césɛ]
pacchetto (m) (~ di sigarette, ecc.)	paketë (f)	[pakétə]

scatola (f) (~ per scarpe)	kuti (f)	[kutí]
cassa (f) (~ di vino, ecc.)	arkë (f)	[árkə]
cesta (f)	shportë (f)	[ʃpórtə]

24. Materiali

materiale (m)	material (m)	[matɛriál]
legno (m)	dru (m)	[dru]
di legno	prej druri	[prɛj drúri]

vetro (m)	qelq (m)	[cɛlc]
di vetro	prej qelqi	[prɛj célci]

pietra (f)	gur (m)	[gurˈ]
di pietra	guror	[gurór]

plastica (f)	plastikë (f)	[plastíkə]
di plastica	plastike	[plastíkɛ]

gomma (f)	gomë (f)	[gómə]
di gomma	prej gome	[prɛj gómɛ]

stoffa (f)	pëlhurë (f)	[pəlhúrə]
di stoffa	nga pëlhura	[ŋa pəlhúra]

carta (f)	letër (f)	[létər]
di carta	prej letre	[prɛj létrɛ]

cartone (m)	karton (m)	[kartón]
di cartone	prej kartoni	[prɛj kartóni]
polietilene (m)	polietilen (m)	[poliétilɛn]

cellofan (m)	celofan (m)	[tsɛlofán]
linoleum (m)	linoleum (m)	[linolɛúm]
legno (m) compensato	kompensatë (f)	[kompɛnsátə]

porcellana (f)	porcelan (m)	[portsɛlán]
di porcellana	prej porcelani	[prɛj portsɛláni]
argilla (f)	argjilë (f)	[arɟílə]
d'argilla	prej argjile	[prɛj arɟílɛ]
ceramica (f)	qeramikë (f)	[cɛramíkə]
ceramico	prej qeramike	[prɛj cɛramíkɛ]

25. Metalli

metallo (m)	metal (m)	[mɛtál]
metallico	prej metali	[prɛj mɛtáli]
lega (f)	aliazh (m)	[aliáʒ]

oro (m)	ar (m)	[ár]
d'oro	prej ari	[prɛj ári]
argento (m)	argjend (m)	[arɟénd]
d'argento	prej argjendi	[prɛj arɟéndi]

ferro (m)	hekur (m)	[hékur]
di ferro	prej hekuri	[prɛj hékuri]
acciaio (m)	çelik (m)	[tʃɛlík]
d'acciaio	prej çeliku	[prɛj tʃɛlíku]
rame (m)	bakër (m)	[bákər]
di rame	prej bakri	[prɛj bákri]

alluminio (m)	alumin (m)	[alumín]
di alluminio, alluminico	prej alumini	[prɛj alumíni]
bronzo (m)	bronz (m)	[bronz]
di bronzo	prej bronzi	[prɛj brónzi]

ottone (m)	tunxh (m)	[tundʒ]
nichel (m)	nikel (m)	[nikél]
platino (m)	platin (m)	[platín]
mercurio (m)	merkur (m)	[mɛrkúr]
stagno (m)	kallaj (m)	[kałáj]
piombo (m)	plumb (m)	[plúmb]
zinco (m)	zink (m)	[zink]

ESSERE UMANO

Essere umano. Il corpo umano

26. L'uomo. Concetti di base

uomo (m) (essere umano)	qenie njerëzore (f)	[cɛníɛ ɲɛrəzórɛ]
uomo (m) (adulto maschio)	burrë (m)	[búrə]
donna (f)	grua (f)	[grúa]
bambino (m) (figlio)	fëmijë (f)	[fəmíjə]
bambina (f)	vajzë (f)	[vájzə]
bambino (m)	djalë (f)	[djálə]
adolescente (m, f)	adoleshent (m)	[adolɛʃént]
vecchio (m)	plak (m)	[plak]
vecchia (f)	plakë (f)	[plákə]

27. Anatomia umana

organismo (m)	organizëm (m)	[organízəm]
cuore (m)	zemër (f)	[zémər]
sangue (m)	gjak (m)	[ɟak]
arteria (f)	arterie (f)	[artériɛ]
vena (f)	venë (f)	[vénə]
cervello (m)	tru (m)	[tru]
nervo (m)	nerv (m)	[nɛrv]
nervi (m pl)	nerva (f)	[nérva]
vertebra (f)	vertebër (f)	[vɛrtébər]
colonna (f) vertebrale	shtyllë kurrizore (f)	[ʃtýɬə kurizórɛ]
stomaco (m)	stomak (m)	[stomák]
intestini (m pl)	zorrët (f)	[zórrət]
intestino (m)	zorrë (f)	[zórrə]
fegato (m)	mëlçi (f)	[məltʃí]
rene (m)	veshkë (f)	[véʃkə]
osso (m)	kockë (f)	[kótskə]
scheletro (m)	skelet (m)	[skɛlét]
costola (f)	brinjë (f)	[bríɲə]
cranio (m)	kafkë (f)	[káfkə]
muscolo (m)	muskul (m)	[múskul]
bicipite (m)	biceps (m)	[bitséps]
tricipite (m)	triceps (m)	[tritséps]
tendine (m)	tendon (f)	[tɛndón]
articolazione (f)	nyje (f)	[nýjɛ]

polmoni (m pl)	mushkëri (m)	[muʃkərí]
genitali (m pl)	organe gjenitale (f)	[orgánɛ ɟɛnitálɛ]
pelle (f)	lëkurë (f)	[ləkúrə]

28. Testa

testa (f)	kokë (f)	[kókə]
viso (m)	fytyrë (f)	[fytýrə]
naso (m)	hundë (f)	[húndə]
bocca (f)	gojë (f)	[gójə]

occhio (m)	sy (m)	[sy]
occhi (m pl)	sytë	[sýtə]
pupilla (f)	bebëz (f)	[bébəz]
sopracciglio (m)	vetull (f)	[vétuɫ]
ciglio (m)	qerpik (m)	[cɛrpík]
palpebra (f)	qepallë (f)	[cɛpáɫə]

lingua (f)	gjuhë (f)	[ɟúhə]
dente (m)	dhëmb (m)	[ðəmb]
labbra (f pl)	buzë (f)	[búzə]
zigomi (m pl)	mollëza (f)	[móɫəza]
gengiva (f)	mishrat e dhëmbëve	[míʃrat ɛ ðəmbəvɛ]
palato (m)	qiellzë (f)	[ciéɫzə]

narici (f pl)	vrimat e hundës (pl)	[vrímat ɛ húndəs]
mento (m)	mjekër (f)	[mjékər]
mascella (f)	nofull (f)	[nófuɫ]
guancia (f)	faqe (f)	[fácɛ]

fronte (f)	ball (m)	[báɫ]
tempia (f)	tëmth (m)	[təmθ]
orecchio (m)	vesh (m)	[vɛʃ]
nuca (f)	zverk (m)	[zvɛɾk]
collo (m)	qafë (f)	[cáfə]
gola (f)	fyt (m)	[fyt]

capelli (m pl)	flokë (pl)	[flókə]
pettinatura (f)	model flokësh (m)	[modél flókəʃ]
taglio (m)	prerje flokësh (f)	[prérjɛ flókəʃ]
parrucca (f)	paruke (f)	[parúkɛ]

baffi (m pl)	mustaqe (f)	[mustácɛ]
barba (f)	mjekër (f)	[mjékər]
portare (~ la barba, ecc.)	lë mjekër	[lə mjékər]
treccia (f)	gërshet (m)	[gərʃét]
basette (f pl)	baseta (f)	[baséta]

rosso (agg)	flokëkuqe	[flokəkúcɛ]
brizzolato (agg)	thinja	[θíɲa]
calvo (agg)	qeros	[cɛrós]
calvizie (f)	tullë (f)	[túɫə]
coda (f) di cavallo	bishtalec (m)	[biʃtaléts]
frangetta (f)	balluke (f)	[baɫúkɛ]

29. Corpo umano

mano (f)	dorë (f)	[dórə]
braccio (m)	krah (m)	[krah]
dito (m)	gisht i dorës (m)	[gíʃt i dórəs]
dito (m) del piede	gisht i këmbës (m)	[gíʃt i kə́mbəs]
pollice (m)	gishti i madh (m)	[gíʃti i máð]
mignolo (m)	gishti i vogël (m)	[gíʃti i vógəl]
unghia (f)	thua (f)	[θúa]
pugno (m)	grusht (m)	[grúʃt]
palmo (m)	pëllëmbë dore (f)	[pəɫə́mbə dórɛ]
polso (m)	kyç (m)	[kytʃ]
avambraccio (m)	parakrah (m)	[parakráh]
gomito (m)	bërryl (m)	[bərýl]
spalla (f)	shpatull (f)	[ʃpátuɫ]
gamba (f)	këmbë (f)	[kə́mbə]
pianta (f) del piede	shputë (f)	[ʃpútə]
ginocchio (m)	gju (m)	[ɟú]
polpaccio (m)	pulpë (f)	[púlpə]
anca (f)	ijë (f)	[íjə]
tallone (m)	thembër (f)	[θémbər]
corpo (m)	trup (m)	[trup]
pancia (f)	stomak (m)	[stomák]
petto (m)	kraharor (m)	[kraharór]
seno (m)	gjoks (m)	[ɟóks]
fianco (m)	krah (m)	[krah]
schiena (f)	kurriz (m)	[kuríz]
zona (f) lombare	fundshpina (f)	[fundʃpína]
vita (f)	beli (m)	[béli]
ombelico (m)	kërthizë (f)	[kərθízə]
natiche (f pl)	vithe (f)	[víθɛ]
sedere (m)	prapanica (f)	[prapanítsa]
neo (m)	nishan (m)	[niʃán]
voglia (f) (~ di fragola)	shenjë lindjeje (f)	[ʃéɲə líndjɛjɛ]
tatuaggio (m)	tatuazh (m)	[tatuáʒ]
cicatrice (f)	shenjë (f)	[ʃéɲə]

Abbigliamento e Accessori

30. Indumenti. Soprabiti

vestiti (m pl)	rroba (f)	[róba]
soprabito (m)	veshje e sipërme (f)	[véʃjɛ ɛ sípərmɛ]
abiti (m pl) invernali	veshje dimri (f)	[véʃjɛ dímri]
cappotto (m)	pallto (f)	[páłto]
pelliccia (f)	gëzof (m)	[gəzóf]
pellicciotto (m)	xhaketë lëkure (f)	[dʒakétə ləkúrɛ]
piumino (m)	xhup (m)	[dʒup]
giubbotto (m), giaccha (f)	xhaketë (f)	[dʒakétə]
impermeabile (m)	pardesy (f)	[pardɛsý]
impermeabile (agg)	kundër shiut	[kúndər ʃíut]

31. Abbigliamento uomo e donna

camicia (f)	këmishë (f)	[kəmíʃə]
pantaloni (m pl)	pantallona (f)	[pantałóna]
jeans (m pl)	xhinse (f)	[dʒínsɛ]
giacca (f) (~ di tweed)	xhaketë kostumi (f)	[dʒakétə kostúmi]
abito (m) da uomo	kostum (m)	[kostúm]
abito (m)	fustan (m)	[fustán]
gonna (f)	fund (m)	[fund]
camicetta (f)	bluzë (f)	[blúzə]
giacca (f) a maglia	xhaketë me thurje (f)	[dʒakétə mɛ θúrjɛ]
giacca (f) tailleur	xhaketë femrash (f)	[dʒakétə fémraʃ]
maglietta (f)	bluzë (f)	[blúzə]
pantaloni (m pl) corti	pantallona të shkurtra (f)	[pantałóna tə ʃkúrtra]
tuta (f) sportiva	tuta sportive (f)	[túta sportívɛ]
accappatoio (m)	peshqir trupi (m)	[pɛʃcír trúpi]
pigiama (m)	pizhame (f)	[piʒámɛ]
maglione (m)	triko (f)	[tríko]
pullover (m)	pulovër (m)	[pulóvər]
gilè (m)	jelek (m)	[jɛlék]
frac (m)	frak (m)	[frak]
smoking (m)	smoking (m)	[smokíŋ]
uniforme (f)	uniformë (f)	[unifórmə]
tuta (f) da lavoro	rroba pune (f)	[róba púnɛ]
salopette (f)	kominoshe (f)	[kominóʃɛ]
camice (m) (~ del dottore)	uniformë (f)	[unifórmə]

32. Abbigliamento. Biancheria intima

biancheria (f) intima	të brendshme (f)	[tə bréndʃmɛ]
boxer (m pl)	boksera (f)	[bokséra]
mutandina (f)	brekë (f)	[brékə]
maglietta (f) intima	fanellë (f)	[fanétə]
calzini (m pl)	çorape (pl)	[tʃorápɛ]

camicia (f) da notte	këmishë nate (f)	[kəmíʃə nátɛ]
reggiseno (m)	sytjena (f)	[sytjéna]
calzini (m pl) alti	çorape déri tek gjuri (pl)	[tʃorápɛ déri ték ɟúri]
collant (m)	geta (f)	[géta]
calze (f pl)	çorape të holla (pl)	[tʃorápɛ tə hóta]
costume (m) da bagno	rrobë banje (f)	[róbə báɲɛ]

33. Copricapo

cappello (m)	kapelë (f)	[kapélə]
cappello (m) di feltro	kapelë republike (f)	[kapélə rɛpublíkɛ]
cappello (m) da baseball	kapelë bejsbolli (f)	[kapélə bɛjsbóti]
coppola (f)	kapelë e sheshtë (f)	[kapélə ɛ ʃéʃtə]

basco (m)	beretë (f)	[bɛrétə]
cappuccio (m)	kapuç (m)	[kapútʃ]
panama (m)	kapelë panama (f)	[kapélə panamá]
berretto (m) a maglia	kapuç leshi (m)	[kapútʃ léʃi]

fazzoletto (m) da capo	shami (f)	[ʃamí]
cappellino (m) donna	kapelë femrash (f)	[kapélə fémraʃ]

casco (m) (~ di sicurezza)	helmetë (f)	[hɛlmétə]
bustina (f)	kapelë ushtrie (f)	[kapélə uʃtríɛ]
casco (m) (~ moto)	helmetë (f)	[hɛlmétə]

bombetta (f)	kapelë derby (f)	[kapélə dérby]
cilindro (m)	kapelë cilindër (f)	[kapélə tsilíndər]

34. Calzature

calzature (f pl)	këpucë (pl)	[kəpútsə]
stivaletti (m pl)	këpucë burrash (pl)	[kəpútsə búraʃ]
scarpe (f pl)	këpucë grash (pl)	[kəpútsə gráʃ]
stivali (m pl)	çizme (pl)	[tʃízmɛ]
pantofole (f pl)	pantofla (pl)	[pantófla]

scarpe (f pl) da tennis	atlete tenisi (pl)	[atlétɛ tɛnísi]
scarpe (f pl) da ginnastica	atlete (pl)	[atlétɛ]
sandali (m pl)	sandale (pl)	[sandálɛ]

calzolaio (m)	këpucëtar (m)	[kəputsətár]
tacco (m)	takë (f)	[tákə]

paio (m)	palë (f)	[pálə]
laccio (m)	lidhëse këpucësh (f)	[líðəsɛ kəpútsəʃ]
allacciare (vt)	lidh këpucët	[lið kəpútsət]
calzascarpe (m)	lugë këpucësh (f)	[lúgə kəpútsəʃ]
lucido (m) per le scarpe	bojë këpucësh (f)	[bójə kəpútsəʃ]

35. Tessuti. Stoffe

cotone (m)	pambuk (m)	[pambúk]
di cotone	i pambuktë	[i pambúktə]
lino (m)	li (m)	[li]
di lino	prej liri	[prɛj líri]

seta (f)	mëndafsh (m)	[məndáfʃ]
di seta	i mëndafshtë	[i məndáfʃtə]
lana (f)	lesh (m)	[lɛʃ]
di lana	i leshtë	[i léʃtə]

velluto (m)	kadife (f)	[kadífɛ]
camoscio (m)	kamosh (m)	[kamóʃ]
velluto (m) a coste	kadife me riga (f)	[kadífɛ mɛ ríga]

nylon (m)	najlon (m)	[najlón]
di nylon	prej najloni	[prɛj najlóni]
poliestere (m)	poliestër (m)	[poliéstər]
di poliestere	prej poliestri	[prɛj poliéstri]

pelle (f)	lëkurë (f)	[ləkúrə]
di pelle	prej lëkure	[prɛj ləkúrɛ]
pelliccia (f)	gëzof (m)	[gəzóf]
di pelliccia	prej gëzofi	[prɛj gəzófi]

36. Accessori personali

guanti (m pl)	dorëza (pl)	[dórəza]
manopole (f pl)	doreza (f)	[doréza]
sciarpa (f)	shall (m)	[ʃał]

occhiali (m pl)	syze (f)	[sýzɛ]
montatura (f)	skelet syzesh (m)	[skɛlét sýzɛʃ]
ombrello (m)	çadër (f)	[tʃádər]
bastone (m)	bastun (m)	[bastún]
spazzola (f) per capelli	furçë flokësh (f)	[fúrtʃə flókəʃ]
ventaglio (m)	erashkë (f)	[ɛráʃkə]

cravatta (f)	kravatë (f)	[kravátə]
cravatta (f) a farfalla	papion (m)	[papión]
bretelle (f pl)	aski (pl)	[askí]
fazzoletto (m)	shami (f)	[ʃamí]

| pettine (m) | krehër (m) | [kréhər] |
| fermaglio (m) | kapëse flokësh (f) | [kápəsɛ flókəʃ] |

forcina (f)	karficë (f)	[karfítsə]
fibbia (f)	tokëz (f)	[tókəz]

cintura (f)	rrip (m)	[rip]
spallina (f)	rrip supi (m)	[rip súpi]

borsa (f)	çantë dore (f)	[tʃántə dórɛ]
borsetta (f)	çantë (f)	[tʃántə]
zaino (m)	çantë shpine (f)	[tʃántə ʃpínɛ]

37. Abbigliamento. Varie

moda (f)	modë (f)	[módə]
di moda	në modë	[nə módə]
stilista (m)	stilist (m)	[stilíst]

collo (m)	jakë (f)	[jákə]
tasca (f)	xhep (m)	[dʒɛp]
tascabile (agg)	i xhepit	[i dʒépit]
manica (f)	mëngë (f)	[méŋə]
asola (f) per appendere	hallkë për varje (f)	[háɬkə pər várjɛ]
patta (f) (~ dei pantaloni)	zinxhir (m)	[zindʒír]

cerniera (f) lampo	zinxhir (m)	[zindʒír]
chiusura (f)	kapëse (f)	[kápəsɛ]
bottone (m)	kopsë (f)	[kópsə]
occhiello (m)	vrimë kopse (f)	[vrímə kópsɛ]
staccarsi (un bottone)	këputet	[kəpútɛt]

cucire (vi, vt)	qep	[cɛp]
ricamare (vi, vt)	qëndis	[cəndís]
ricamo (m)	qëndisje (f)	[cəndísjɛ]
ago (m)	gjilpërë për qepje (f)	[ɟilpérə pər cépjɛ]
filo (m)	pe (m)	[pɛ]
cucitura (f)	tegel (m)	[tɛgél]

sporcarsi (vr)	bëhem pis	[bɨhɛm pis]
macchia (f)	njollë (f)	[ɲóɬə]
sgualcirsi (vr)	zhubros	[ʒubrós]
strappare (vt)	gris	[gris]
tarma (f)	molë rrobash (f)	[mólə róbaʃ]

38. Cura della persona. Cosmetici

dentifricio (m)	pastë dhëmbësh (f)	[pástə ðə́mbəʃ]
spazzolino (m) da denti	furçë dhëmbësh (f)	[fúrtʃə ðə́mbəʃ]
lavarsi i denti	laj dhëmbët	[laj ðə́mbət]

rasoio (m)	brisk (m)	[brísk]
crema (f) da barba	pastë rroje (f)	[pástə rójɛ]
rasarsi (vr)	rruhem	[rúhɛm]
sapone (m)	sapun (m)	[sapún]

shampoo (m)	shampo (f)	[ʃampó]
forbici (f pl)	gërshërë (f)	[gərʃə́rə]
limetta (f)	limë thonjsh (f)	[límə θóɲʃ]
tagliaunghie (m)	prerëse thonjsh (f)	[prérəsɛ θóɲʃ]
pinzette (f pl)	piskatore vetullash (f)	[piskatórɛ vétuɫaʃ]

cosmetica (f)	kozmetikë (f)	[kozmɛtíkə]
maschera (f) di bellezza	maskë fytyre (f)	[máskə fytýrɛ]
manicure (m)	manikyr (m)	[manikýr]
fare la manicure	bëj manikyr	[bəj manikýr]
pedicure (m)	pedikyr (m)	[pɛdikýr]

borsa (f) del trucco	çantë kozmetike (f)	[tʃántə kozmɛtíkɛ]
cipria (f)	pudër fytyre (f)	[púdər fytýrɛ]
portacipria (m)	pudër kompakte (f)	[púdər kompáktɛ]
fard (m)	ruzh (m)	[ruʒ]

profumo (m)	parfum (m)	[parfúm]
acqua (f) da toeletta	parfum (m)	[parfúm]
lozione (f)	krem (m)	[krɛm]
acqua (f) di Colonia	kolonjë (f)	[kolóɲə]

ombretto (m)	rimel (m)	[rimél]
eyeliner (m)	laps për sy (m)	[ɫáps pər sy]
mascara (m)	rimel (m)	[rimél]

rossetto (m)	buzëkuq (m)	[buzəkúc]
smalto (m)	llak për thonj (m)	[ɫak pər θóɲ]
lacca (f) per capelli	llak flokësh (m)	[ɫak flókəʃ]
deodorante (m)	deodorant (m)	[dɛodoránt]

crema (f)	krem (m)	[krɛm]
crema (f) per il viso	krem për fytyrë (m)	[krɛm pər fytýrə]
crema (f) per le mani	krem për duar (m)	[krɛm pər dúar]
crema (f) antirughe	krem kundër rrudhave (m)	[krɛm kúndər rúðavɛ]
crema (f) da giorno	krem dite (m)	[krɛm dítɛ]
crema (f) da notte	krem nate (m)	[krɛm nátɛ]
da giorno	dite	[dítɛ]
da notte	nate	[nátɛ]

tampone (m)	tampon (m)	[tampón]
carta (f) igienica	letër higjienike (f)	[létər hiɟiɛníkɛ]
fon (m)	tharëse flokësh (f)	[θárəsɛ flókəʃ]

39. Gioielli

gioielli (m pl)	bizhuteri (f)	[biʒutɛrí]
prezioso (agg)	i çmuar	[i tʃmúar]
marchio (m)	vulë dalluese (f)	[vúlə daɫúɛsɛ]

anello (m)	unazë (f)	[unázə]
anello (m) nuziale	unazë martese (f)	[unázə martésɛ]
braccialetto (m)	byzylyk (m)	[byzylýk]
orecchini (m pl)	vathë (pl)	[váθə]

collana (f)	gjerdan (m)	[ɟɛrdán]
corona (f)	kurorë (f)	[kuróɾə]
perline (f pl)	qafore me rruaza (f)	[cafóɾɛ mɛ ruáza]

diamante (m)	diamant (m)	[diamánt]
smeraldo (m)	smerald (m)	[smɛráld]
rubino (m)	rubin (m)	[rubín]
zaffiro (m)	safir (m)	[safír]
perle (f pl)	perlë (f)	[pérlə]
ambra (f)	qelibar (m)	[cɛlibár]

40. Orologi da polso. Orologio

orologio (m) (~ da polso)	orë dore (f)	[óɾə dóɾɛ]
quadrante (m)	faqe e orës (f)	[fácɛ ɛ óɾəs]
lancetta (f)	akrep (m)	[akrép]
braccialetto (m)	rrip metalik ore (m)	[rip mɛtalík óɾɛ]
cinturino (m)	rrip ore (m)	[rip óɾɛ]

pila (f)	bateri (f)	[batɛrí]
essere scarico	e shkarkuar	[ɛ ʃkarkúar]
cambiare la pila	ndërroj baterinë	[ndərój batɛrínə]
andare avanti	kalon shpejt	[kalón ʃpéjt]
andare indietro	ngel prapa	[ŋɛl prápa]

orologio (m) da muro	orë muri (f)	[óɾə múri]
clessidra (f)	orë rëre (f)	[óɾə rəɾɛ]
orologio (m) solare	orë diellore (f)	[óɾə diɛɫóɾɛ]
sveglia (f)	orë me zile (f)	[óɾə mɛ zílɛ]
orologiaio (m)	orëndreqës (m)	[orəndrécəs]
riparare (vt)	ndreq	[ndréc]

Cibo. Alimentazione

41. Cibo

carne (f)	mish (m)	[miʃ]
pollo (m)	pulë (f)	[púlə]
pollo (m) novello	mish pule (m)	[miʃ púlɛ]
anatra (f)	rosë (f)	[rósə]
oca (f)	patë (f)	[pátə]
cacciagione (f)	gjah (m)	[ɟáh]
tacchino (m)	mish gjel deti (m)	[miʃ ɟɛl déti]

maiale (m)	mish derri (m)	[miʃ déri]
vitello (m)	mish viçi (m)	[miʃ vítʃi]
agnello (m)	mish qengji (m)	[miʃ cénɟi]
manzo (m)	mish lope (m)	[miʃ lópɛ]
coniglio (m)	mish lepuri (m)	[miʃ lépuri]

salame (m)	salsiçe (f)	[salsítʃɛ]
w?rstel (m)	salsiçe vjeneze (f)	[salsítʃɛ vjɛnézɛ]
pancetta (f)	proshutë (f)	[proʃútə]
prosciutto (m)	sallam (m)	[saɫám]
prosciutto (m) affumicato	kofshë derri (f)	[kófʃə déri]

pâté (m)	pate (f)	[paté]
fegato (m)	mëlçi (f)	[məltʃí]
carne (f) trita	hamburger (m)	[hamburgér]
lingua (f)	gjuhë (f)	[ɟúhə]

uovo (m)	ve (f)	[vɛ]
uova (f pl)	vezë (pl)	[vézə]
albume (m)	e bardhë veze (f)	[ɛ bárðə vézɛ]
tuorlo (m)	e verdhë veze (f)	[ɛ vérðə vézɛ]

pesce (m)	peshk (m)	[pɛʃk]
frutti (m pl) di mare	fruta deti (pl)	[frúta déti]
crostacei (m pl)	krustace (pl)	[krustátsɛ]
caviale (m)	havjar (m)	[havjár]

granchio (m)	gaforre (f)	[gafórɛ]
gamberetto (m)	karkalec (m)	[karkaléts]
ostrica (f)	midhje (f)	[míðjɛ]
aragosta (f)	karavidhe (f)	[karavíðɛ]
polpo (m)	oktapod (m)	[oktapód]
calamaro (m)	kallamarë (f)	[kaɫamárə]

storione (m)	bli (m)	[blí]
salmone (m)	salmon (m)	[salmón]
ippoglosso (m)	shojzë e Atlantikut Verior (f)	[ʃójzə ɛ atlantíkut vɛriór]
merluzzo (m)	merluc (m)	[mɛrlúts]

scombro (m)	skumbri (m)	[skúmbri]
tonno (m)	tunë (f)	[túnə]
anguilla (f)	ngjalë (f)	[ɲʝálə]

trota (f)	troftë (f)	[tróftə]
sardina (f)	sardele (f)	[sardélɛ]
luccio (m)	mlysh (m)	[mlýʃ]
aringa (f)	harengë (f)	[haréŋə]

pane (m)	bukë (f)	[búkə]
formaggio (m)	djath (m)	[djáθ]
zucchero (m)	sheqer (m)	[ʃɛcér]
sale (m)	kripë (f)	[krípə]

riso (m)	oriz (m)	[oríz]
pasta (f)	makarona (f)	[makaróna]
tagliatelle (f pl)	makarona petë (f)	[makaróna pétə]

burro (m)	gjalp (m)	[ʝalp]
olio (m) vegetale	vaj vegjetal (m)	[vaj vɛʝɛtál]
olio (m) di girasole	vaj luledielli (m)	[vaj lulɛdiéɫi]
margarina (f)	margarinë (f)	[margarínə]

| olive (f pl) | ullinj (pl) | [uɫíɲ] |
| olio (m) d'oliva | vaj ulliri (m) | [vaj uɫíri] |

latte (m)	qumësht (m)	[cúməʃt]
latte (m) condensato	qumësht i kondensuar (m)	[cúməʃt i kondɛnsúar]
yogurt (m)	kos (m)	[kos]
panna (f) acida	salcë kosi (f)	[sáltsə kosi]
panna (f)	krem qumështi (m)	[krɛm cúməʃti]

| maionese (m) | majonezë (f) | [majonézə] |
| crema (f) | krem gjalpi (m) | [krɛm ʝálpi] |

cereali (m pl)	drithëra (pl)	[dríθəra]
farina (f)	miell (m)	[míɛɫ]
cibi (m pl) in scatola	konserva (f)	[konsérva]

fiocchi (m pl) di mais	kornfleiks (m)	[kornfléiks]
miele (m)	mjaltë (f)	[mjáltə]
marmellata (f)	reçel (m)	[rɛtʃél]
gomma (f) da masticare	çamçakëz (m)	[tʃamtʃakéz]

42. Bevande

acqua (f)	ujë (m)	[újə]
acqua (f) potabile	ujë i pijshëm (m)	[újə i píjʃəm]
acqua (f) minerale	ujë mineral (m)	[újə minɛrál]

liscia (non gassata)	ujë natyral	[újə natyrál]
gassata (agg)	ujë i karbonuar	[újə i karbonúar]
frizzante (agg)	ujë i gazuar	[újə i gazúar]
ghiaccio (m)	akull (m)	[ákuɫ]

con ghiaccio	me akull	[mɛ ákuɫ]
analcolico (agg)	jo alkoolik	[jo alkoolík]
bevanda (f) analcolica	pije e lehtë (f)	[píjɛ ɛ léhtə]
bibita (f)	pije freskuese (f)	[píjɛ frɛskúɛsɛ]
limonata (f)	limonadë (f)	[limonádə]

bevande (f pl) alcoliche	likere (pl)	[likérɛ]
vino (m)	verë (f)	[vérə]
vino (m) bianco	verë e bardhë (f)	[vérə ɛ bárðə]
vino (m) rosso	verë e kuqe (f)	[vérə ɛ kúcɛ]

liquore (m)	liker (m)	[likér]
champagne (m)	shampanjë (f)	[ʃampáɲə]
vermouth (m)	vermut (m)	[vɛrmút]

whisky	uiski (m)	[víski]
vodka (f)	vodkë (f)	[vódkə]
gin (m)	xhin (m)	[dʒin]
cognac (m)	konjak (m)	[koɲák]
rum (m)	rum (m)	[rum]

caffè (m)	kafe (f)	[káfɛ]
caffè (m) nero	kafe e zezë (f)	[káfɛ ɛ zézə]
caffè latte (m)	kafe me qumësht (m)	[káfɛ mɛ cúməʃt]
cappuccino (m)	kapuçino (m)	[kaputʃíno]
caffè (m) solubile	neskafe (f)	[nɛskáfɛ]

latte (m)	qumësht (m)	[cúməʃt]
cocktail (m)	koktej (m)	[koktéj]
frullato (m)	milkshake (f)	[milkʃákɛ]

succo (m)	lëng frutash (m)	[ləŋ frútaʃ]
succo (m) di pomodoro	lëng domatesh (m)	[ləŋ domátɛʃ]
succo (m) d'arancia	lëng portokalli (m)	[ləŋ portokáɫi]
spremuta (f)	lëng frutash i freskët (m)	[ləŋ frútaʃ i fréskət]

birra (f)	birrë (f)	[bírə]
birra (f) chiara	birrë e lehtë (f)	[bírə ɛ léhtə]
birra (f) scura	birrë e zezë (f)	[bírə ɛ zézə]

tè (m)	çaj (m)	[tʃáj]
tè (m) nero	çaj i zi (m)	[tʃáj i zí]
tè (m) verde	çaj jeshil (m)	[tʃáj jɛʃíl]

43. Verdure

| ortaggi (m pl) | perime (pl) | [pɛrímɛ] |
| verdura (f) | zarzavate (pl) | [zarzavátɛ] |

pomodoro (m)	domate (f)	[domátɛ]
cetriolo (m)	kastravec (m)	[kastravéts]
carota (f)	karotë (f)	[karótə]
patata (f)	patate (f)	[patátɛ]
cipolla (f)	qepë (f)	[cépə]

aglio (m)	hudhër (f)	[húðər]
cavolo (m)	lakër (f)	[lákər]
cavolfiore (m)	lulelakër (f)	[lulɛlákər]
cavoletti (m pl) di Bruxelles	lakër Brukseli (f)	[lákər brukséli]
broccolo (m)	brokoli (m)	[brókoli]

barbabietola (f)	panxhar (m)	[pandʒár]
melanzana (f)	patëllxhan (m)	[patəłdʒán]
zucchina (f)	kungulleshë (m)	[kuŋułéʃə]
zucca (f)	kungull (m)	[kúŋuł]
rapa (f)	rrepë (f)	[répə]

prezzemolo (m)	majdanoz (m)	[majdanóz]
aneto (m)	kopër (f)	[kópər]
lattuga (f)	sallatë jeshile (f)	[sałátə jɛʃílɛ]
sedano (m)	selino (f)	[sɛlíno]
asparago (m)	asparagus (m)	[asparágus]
spinaci (m pl)	spinaq (m)	[spinác]

pisello (m)	bizele (f)	[bizélɛ]
fave (f pl)	fasule (f)	[fasúlɛ]
mais (m)	misër (m)	[mísər]
fagiolo (m)	groshë (f)	[gróʃə]

peperone (m)	spec (m)	[spɛts]
ravanello (m)	rrepkë (f)	[répkə]
carciofo (m)	angjinare (f)	[anɟinárɛ]

44. Frutta. Noci

frutto (m)	frut (m)	[frut]
mela (f)	mollë (f)	[mółə]
pera (f)	dardhë (f)	[dárðə]
limone (m)	limon (m)	[limón]
arancia (f)	portokall (m)	[portokáł]
fragola (f)	luleshtrydhe (f)	[lulɛʃtrýðɛ]

mandarino (m)	mandarinë (f)	[mandarínə]
prugna (f)	kumbull (f)	[kúmbuł]
pesca (f)	pjeshkë (f)	[pjéʃkə]
albicocca (f)	kajsi (f)	[kajsí]
lampone (m)	mjedër (f)	[mjédər]
ananas (m)	ananas (m)	[ananás]

banana (f)	banane (f)	[banánɛ]
anguria (f)	shalqi (m)	[ʃalcí]
uva (f)	rrush (m)	[ruʃ]
amarena (f)	qershi vishnje (f)	[cɛrʃí víʃnɛ]
ciliegia (f)	qershi (f)	[cɛrʃí]
melone (m)	pjepër (m)	[pjépər]

pompelmo (m)	grejpfrut (m)	[grɛjpfrút]
avocado (m)	avokado (f)	[avokádo]
papaia (f)	papaja (f)	[papája]

| mango (m) | mango (f) | [máŋo] |
| melagrana (f) | shegë (f) | [ʃégə] |

ribes (m) rosso	kaliboba e kuqe (f)	[kalibóba ɛ kúcɛ]
ribes (m) nero	kaliboba e zezë (f)	[kalibóba ɛ zézə]
uva (f) spina	kulumbri (f)	[kulumbrí]
mirtillo (m)	boronicë (f)	[boronítsə]
mora (f)	manaferra (f)	[manaféra]

uvetta (f)	rrush i thatë (m)	[ruʃ i θátə]
fico (m)	fik (m)	[fik]
dattero (m)	hurmë (f)	[húɾmə]

arachide (f)	kikirik (m)	[kikirík]
mandorla (f)	bajame (f)	[bajámɛ]
noce (f)	arrë (f)	[árə]
nocciola (f)	lajthi (f)	[lajθí]
noce (f) di cocco	arrë kokosi (f)	[árə kokósi]
pistacchi (m pl)	fëstëk (m)	[fəsták]

45. Pane. Dolci

pasticceria (f)	ëmbëlsira (pl)	[əmbəlsíra]
pane (m)	bukë (f)	[búkə]
biscotti (m pl)	biskota (pl)	[biskóta]

cioccolato (m)	çokollatë (f)	[tʃokołátə]
al cioccolato (agg)	prej çokollate	[prɛj tʃokołátɛ]
caramella (f)	karamele (f)	[karamélɛ]
tortina (f)	kek (m)	[kék]
torta (f)	tortë (f)	[tórtə]

| crostata (f) | tortë (f) | [tórtə] |
| ripieno (m) | mbushje (f) | [mbúʃjɛ] |

marmellata (f)	reçel (m)	[rɛtʃél]
marmellata (f) di agrumi	marmelatë (f)	[marmɛlátə]
wafer (m)	vafera (pl)	[vaféra]
gelato (m)	akullore (f)	[akułórɛ]
budino (m)	puding (m)	[pudíŋ]

46. Pietanze cucinate

piatto (m) (~ principale)	pjatë (f)	[pjátə]
cucina (f)	kuzhinë (f)	[kuʒínə]
ricetta (f)	recetë (f)	[rɛtsétə]
porzione (f)	racion (m)	[ratsión]

insalata (f)	sallatë (f)	[sałátə]
minestra (f)	supë (f)	[súpə]
brodo (m)	lëng mishi (m)	[ləŋ míʃi]
panino (m)	sandviç (m)	[sandvítʃ]

uova (f pl) al tegamino	vezë të skuqura (pl)	[vézə tə skúcura]
hamburger (m)	hamburger	[hamburgér]
bistecca (f)	biftek (m)	[bifték]

contorno (m)	garniturë (f)	[garnitúrə]
spaghetti (m pl)	shpageti (pl)	[ʃpagéti]
purè (m) di patate	pure patatesh (f)	[puré patátɛʃ]
pizza (f)	pica (f)	[pítsa]
porridge (m)	qull (m)	[cuɫ]
frittata (f)	omëletë (f)	[oməlétə]

bollito (agg)	i zier	[i zíɛr]
affumicato (agg)	i tymosur	[i tymósur]
fritto (agg)	i skuqur	[i skúcur]
secco (agg)	i tharë	[i θárə]
congelato (agg)	i ngrirë	[i ŋrírə]
sottoaceto (agg)	i marinuar	[i marinúar]

dolce (gusto)	i ëmbël	[i ə́mbəl]
salato (agg)	i kripur	[i krípur]
freddo (agg)	i ftohtë	[i ftóhtə]
caldo (agg)	i nxehtë	[i ndzéhtə]
amaro (agg)	i hidhur	[i híður]
buono, gustoso (agg)	i shijshëm	[i ʃíʃəm]

cuocere, preparare (vt)	ziej	[zíɛj]
cucinare (vi)	gatuaj	[gatúaj]
friggere (vt)	skuq	[skuc]
riscaldare (vt)	ngroh	[ŋróh]

salare (vt)	hedh kripë	[hɛð krípə]
pepare (vt)	hedh piper	[hɛð pipér]
grattugiare (vt)	rendoj	[rɛndój]
buccia (f)	lëkurë (f)	[ləkúrə]
sbucciare (vt)	qëroj	[cərój]

47. Spezie

sale (m)	kripë (f)	[krípə]
salato (agg)	i kripur	[i krípur]
salare (vt)	hedh kripë	[hɛð krípə]

pepe (m) nero	piper i zi (m)	[pipér i zi]
peperoncino (m)	piper i kuq (m)	[pipér i kuc]
senape (f)	mustardë (f)	[mustárdə]
cren (m)	rrepë djegëse (f)	[répə djégəsɛ]

condimento (m)	salcë (f)	[sáltsə]
spezie (f pl)	erëz (f)	[érəz]
salsa (f)	salcë (f)	[sáltsə]
aceto (m)	uthull (f)	[úθuɫ]

| anice (m) | anisetë (f) | [anisétə] |
| basilico (m) | borzilok (m) | [borzilók] |

chiodi (m pl) di garofano	karafil (m)	[karafíl]
zenzero (m)	xhenxhefil (m)	[dʒɛndʒɛfíl]
coriandolo (m)	koriandër (m)	[koriándər]
cannella (f)	kanellë (f)	[kanéłə]

sesamo (m)	susam (m)	[susám]
alloro (m)	gjeth dafine (m)	[ɟɛθ dafínɛ]
paprica (f)	spec (m)	[spɛts]
cumino (m)	kumin (m)	[kumín]
zafferano (m)	shafran (m)	[ʃafrán]

48. Pasti

| cibo (m) | ushqim (m) | [uʃcím] |
| mangiare (vi, vt) | ha | [ha] |

colazione (f)	mëngjes (m)	[mənɟés]
fare colazione	ha mëngjes	[ha mənɟés]
pranzo (m)	drekë (f)	[drékə]
pranzare (vi)	ha drekë	[ha drékə]
cena (f)	darkë (f)	[dárkə]
cenare (vi)	ha darkë	[ha dárkə]

| appetito (m) | oreks (m) | [oréks] |
| Buon appetito! | Të bëftë mirë! | [tə bəftə mírə!] |

aprire (vt)	hap	[hap]
rovesciare (~ il vino, ecc.)	derdh	[dérð]
rovesciarsi (vr)	derdhje	[dérðjɛ]

bollire (vi)	ziej	[zíɛj]
far bollire	ziej	[zíɛj]
bollito (agg)	i zier	[i zíɛr]
raffreddare (vt)	ftoh	[ftoh]
raffreddarsi (vr)	ftohje	[ftóhjɛ]

| gusto (m) | shije (f) | [ʃíjɛ] |
| retrogusto (m) | shije (f) | [ʃíjɛ] |

essere a dieta	dobësohem	[dobəsóhɛm]
dieta (f)	dietë (f)	[diétə]
vitamina (f)	vitaminë (f)	[vitamínə]
caloria (f)	kalori (f)	[kalorí]

| vegetariano (m) | vegjetarian (m) | [vɛɟɛtarián] |
| vegetariano (agg) | vegjetarian | [vɛɟɛtarián] |

grassi (m pl)	yndyrë (f)	[yndýrə]
proteine (f pl)	proteinë (f)	[protɛínə]
carboidrati (m pl)	karbohidrat (m)	[karbohidrát]

fetta (f), fettina (f)	fetë (f)	[fétə]
pezzo (m) (~ di torta)	copë (f)	[tsópə]
briciola (f) (~ di pane)	dromcë (f)	[drómtsə]

49. Preparazione della tavola

cucchiaio (m)	**lugë** (f)	[lúgə]
coltello (m)	**thikë** (f)	[θíkə]
forchetta (f)	**pirun** (m)	[pirún]
tazza (f)	**filxhan** (m)	[fildʒán]
piatto (m)	**pjatë** (f)	[pjátə]
piattino (m)	**pjatë filxhani** (f)	[pjátə fildʒáni]
tovagliolo (m)	**pecetë** (f)	[pɛtsétə]
stuzzicadenti (m)	**kruajtëse dhëmbësh** (f)	[krúajtəsɛ ðə́mbəʃ]

50. Ristorante

ristorante (m)	**restorant** (m)	[rɛstoránt]
caffè (m)	**kafene** (f)	[kafɛné]
pub (m), bar (m)	**pab** (m), **pijetore** (f)	[pab], [pijɛtórɛ]
sala (f) da tè	**çajtore** (f)	[tʃajtórɛ]
cameriere (m)	**kamerier** (m)	[kamɛriér]
cameriera (f)	**kameriere** (f)	[kamɛriérɛ]
barista (m)	**banakier** (m)	[banakiér]
menù (m)	**menu** (f)	[mɛnú]
lista (f) dei vini	**menu verërash** (f)	[mɛnú vérəraʃ]
prenotare un tavolo	**rezervoj një tavolinë**	[rɛzɛrvój ɲə tavolínə]
piatto (m)	**pjatë** (f)	[pjátə]
ordinare (~ il pranzo)	**porosis**	[porosís]
fare un'ordinazione	**bëj porosinë**	[bəj porosínə]
aperitivo (m)	**aperitiv** (m)	[apɛritív]
antipasto (m)	**antipastë** (f)	[antipástə]
dolce (m)	**ëmbëlsirë** (f)	[əmbəlsírə]
conto (m)	**faturë** (f)	[fatúrə]
pagare il conto	**paguaj faturën**	[pagúaj fatúrən]
dare il resto	**jap kusur**	[jap kusúr]
mancia (f)	**bakshish** (m)	[bakʃíʃ]

Famiglia, parenti e amici

51. Informazioni personali. Moduli

nome (m)	emër (m)	[émər]
cognome (m)	mbiemër (m)	[mbiémər]
data (f) di nascita	datëlindje (f)	[datəlíndjɛ]
luogo (m) di nascita	vendlindje (f)	[vɛndlíndjɛ]
nazionalità (f)	kombësi (f)	[kombəsí]
domicilio (m)	vendbanim (m)	[vɛndbaním]
paese (m)	shtet (m)	[ʃtɛt]
professione (f)	profesion (m)	[profɛsión]
sesso (m)	gjinia (f)	[ɟinía]
statura (f)	gjatësia (f)	[ɟatəsía]
peso (m)	peshë (f)	[péʃə]

52. Membri della famiglia. Parenti

madre (f)	nënë (f)	[nə́nə]
padre (m)	baba (f)	[babá]
figlio (m)	bir (m)	[bir]
figlia (f)	bijë (f)	[bíjə]
figlia (f) minore	vajza e vogël (f)	[vájza ɛ vógəl]
figlio (m) minore	djali i vogël (m)	[djáli i vógəl]
figlia (f) maggiore	vajza e madhe (f)	[vájza ɛ máðɛ]
figlio (m) maggiore	djali i vogël (m)	[djáli i vógəl]
fratello (m)	vëlla (m)	[vəɫá]
fratello (m) maggiore	vëllai i madh (m)	[vəɫái i mað]
fratello (m) minore	vëllai i vogël (m)	[vəɫai i vógəl]
sorella (f)	motër (f)	[mótər]
sorella (f) maggiore	motra e madhe (f)	[mótra ɛ máðɛ]
sorella (f) minore	motra e vogël (f)	[mótra ɛ vógəl]
cugino (m)	kushëri (m)	[kuʃərí]
cugina (f)	kushërirë (f)	[kuʃərírə]
mamma (f)	mami (f)	[mámi]
papà (m)	babi (m)	[bábi]
genitori (m pl)	prindër (pl)	[príndər]
bambino (m)	fëmijë (f)	[fəmíjə]
bambini (m pl)	fëmijë (pl)	[fəmíjə]
nonna (f)	gjyshe (f)	[ɟýʃɛ]
nonno (m)	gjysh (m)	[ɟyʃ]

nipote (m) (figlio di un figlio)	nip (m)	[nip]
nipote (f)	mbesë (f)	[mbésə]
nipoti (pl)	nipër e mbesa (pl)	[nípər ɛ mbésa]

zio (m)	dajë (f)	[dájə]
zia (f)	teze (f)	[tézɛ]
nipote (m) (figlio di un fratello)	nip (m)	[nip]
nipote (f)	mbesë (f)	[mbésə]

suocera (f)	vjehrrë (f)	[vjéhrə]
suocero (m)	vjehrri (m)	[vjéhri]
genero (m)	dhëndër (m)	[ðə́ndər]
matrigna (f)	njerkë (f)	[ɲérkə]
patrigno (m)	njerk (m)	[ɲérk]

neonato (m)	foshnjë (f)	[fóʃnə]
infante (m)	fëmijë (f)	[fəmíjə]
bimbo (m), ragazzino (m)	djalosh (m)	[djalóʃ]

moglie (f)	bashkëshorte (f)	[baʃkəʃórtɛ]
marito (m)	bashkëshort (m)	[baʃkəʃórt]
coniuge (m)	bashkëshort (m)	[baʃkəʃórt]
coniuge (f)	bashkëshorte (f)	[baʃkəʃórtɛ]

sposato (agg)	i martuar	[i martúar]
sposata (agg)	e martuar	[ɛ martúar]
celibe (agg)	beqar	[bɛcár]
scapolo (m)	beqar (m)	[bɛcár]
divorziato (agg)	i divorcuar	[i divortsúar]
vedova (f)	vejushë (f)	[vɛjúʃə]
vedovo (m)	vejan (m)	[vɛján]

parente (m)	kushëri (m)	[kuʃərí]
parente (m) stretto	kushëri i afërt (m)	[kuʃərí i áfərt]
parente (m) lontano	kushëri i largët (m)	[kuʃərí i lárgət]
parenti (m pl)	kushërinj (pl)	[kuʃəríɲ]

orfano (m)	jetim (m)	[jɛtím]
orfana (f)	jetime (f)	[jɛtímɛ]
tutore (m)	kujdestar (m)	[kujdɛstár]
adottare (~ un bambino)	adoptoj	[adoptój]
adottare (~ una bambina)	adoptoj	[adoptój]

53. Amici. Colleghi

amico (m)	mik (m)	[mik]
amica (f)	mike (f)	[míkɛ]
amicizia (f)	miqësi (f)	[micəsí]
essere amici	të miqësohem	[tə micəsóhɛm]

amico (m) (inform.)	shok (m)	[ʃok]
amica (f) (inform.)	shoqe (f)	[ʃócɛ]
partner (m)	partner (m)	[partnér]
capo (m)	shef (m)	[ʃɛf]

capo (m), superiore (m)	epror (m)	[ɛprór]
proprietario (m)	pronar (m)	[pronár]
subordinato (m)	vartës (m)	[vártəs]
collega (m)	koleg (m)	[kolég]

conoscente (m)	i njohur (m)	[i ɲóhur]
compagno (m) di viaggio	bashkudhëtar (m)	[baʃkuðətár]
compagno (m) di classe	shok klase (m)	[ʃok klásɛ]

vicino (m)	komshi (m)	[komʃí]
vicina (f)	komshike (f)	[komʃíkɛ]
vicini (m pl)	komshinj (pl)	[komʃíɲ]

54. Uomo. Donna

donna (f)	grua (f)	[grúa]
ragazza (f)	vajzë (f)	[vájzə]
sposa (f)	nuse (f)	[núsɛ]

bella (agg)	i bukur	[i búkur]
alta (agg)	i gjatë	[i ɟátə]
snella (agg)	i hollë	[i hółə]
bassa (agg)	i shkurtër	[i ʃkúrtər]

| bionda (f) | bionde (f) | [bióndɛ] |
| bruna (f) | zeshkane (f) | [zɛʃkánɛ] |

da donna (agg)	për femra	[pər fémra]
vergine (f)	virgjëreshë (f)	[virɟəréʃə]
incinta (agg)	shtatzënë	[ʃtatzénə]

uomo (m) (adulto maschio)	burrë (m)	[búrə]
biondo (m)	biond (m)	[biónd]
bruno (m)	zeshkan (m)	[zɛʃkán]
alto (agg)	i gjatë	[i ɟátə]
basso (agg)	i shkurtër	[i ʃkúrtər]

sgarbato (agg)	i vrazhdë	[i vráʒdə]
tozzo (agg)	trupngjeshur	[trupnɟéʃur]
robusto (agg)	i fuqishëm	[i fucíʃəm]
forte (agg)	i fortë	[i fórtə]
forza (f)	forcë (f)	[fórtsə]

grasso (agg)	bullafiq	[buɬafíc]
bruno (agg)	zeshkan	[zɛʃkán]
snello (agg)	i hollë	[i hółə]
elegante (agg)	elegant	[ɛlɛgánt]

55. Età

| età (f) | moshë (f) | [móʃə] |
| giovinezza (f) | rini (f) | [riní] |

giovane (agg)	i ri	[i rí]
più giovane (agg)	më i ri	[mə i rí]
più vecchio (agg)	më i vjetër	[mə i vjétər]

giovane (m)	djalë i ri (m)	[djálə i rí]
adolescente (m, f)	adoleshent (m)	[adolɛʃént]
ragazzo (m)	djalë (f)	[djálə]

| vecchio (m) | plak (m) | [plak] |
| vecchia (f) | plakë (f) | [plákə] |

adulto (m)	i rritur	[i rítur]
di mezza età	mesoburrë	[mɛsobúrə]
anziano (agg)	i moshuar	[i moʃúar]
vecchio (agg)	i vjetër	[i vjétər]

pensionamento (m)	pension (m)	[pɛnsión]
andare in pensione	dal në pension	[dál nə pɛnsión]
pensionato (m)	pensionist (m)	[pɛnsioníst]

56. Bambini

bambino (m), bambina (f)	fëmijë (f)	[fəmíjə]
bambini (m pl)	fëmijë (pl)	[fəmíjə]
gemelli (m pl)	binjakë (pl)	[biɲákə]

culla (f)	djep (m)	[djép]
sonaglio (m)	rraketake (f)	[rakɛtákɛ]
pannolino (m)	pelenë (f)	[pɛlénə]

tettarella (f)	biberon (m)	[bibɛrón]
carrozzina (f)	karrocë për bebe (f)	[karótsə pər bébɛ]
scuola (f) materna	kopsht fëmijësh (m)	[kópʃt fəmíjəʃ]
baby-sitter (f)	dado (f)	[dádo]

infanzia (f)	fëmijëri (f)	[fəmijərí]
bambola (f)	kukull (f)	[kúkuɫ]
giocattolo (m)	lodër (f)	[lódər]
gioco (m) di costruzione	lodër për ndërtim (m)	[lódər pər ndərtím]
educato (agg)	i edukuar	[i ɛdukúar]
maleducato (agg)	i paedukuar	[i paɛdukúar]
viziato (agg)	i llastuar	[i ɫastúar]

essere disubbidiente	trazovaç	[trazovátʃ]
birichino (agg)	mistrec	[mistréts]
birichinata (f)	shpirtligësi (f)	[ʃpirtligəsí]
bambino (m) birichino	fëmijë mistrec (m)	[fəmíjə mistréts]

| ubbidiente (agg) | i bindur | [i bíndur] |
| disubbidiente (agg) | i pabindur | [i pabíndur] |

docile (agg)	i butë	[i bútə]
intelligente (agg)	i zgjuar	[i zɟúar]
bambino (m) prodigio	fëmijë gjeni (m)	[fəmíjə ɟɛní]

57. Coppie sposate. Vita di famiglia

baciare (vt)	puth	[puθ]
baciarsi (vr)	puthem	[púθεm]
famiglia (f)	familje (f)	[famíljε]
familiare (agg)	familjare	[familjárε]
coppia (f)	çift (m)	[tʃíft]
matrimonio (m)	martesë (f)	[martésə]
focolare (m) domestico	vatra (f)	[vátra]
dinastia (f)	dinasti (f)	[dinastí]

appuntamento (m)	takim (m)	[takím]
bacio (m)	puthje (f)	[púθjε]

amore (m)	dashuri (f)	[daʃurí]
amare (qn)	dashuroj	[daʃurój]
amato (agg)	i dashur	[i dáʃur]

tenerezza (f)	ndjeshmëri (f)	[ndjεʃmərí]
dolce, tenero (agg)	i ndjeshëm	[i ndjéʃəm]
fedeltà (f)	besnikëri (f)	[bεsnikərí]
fedele (agg)	besnik	[bεsník]
premura (f)	kujdes (m)	[kujdés]
premuroso (agg)	i dashur	[i dáʃur]

sposi (m pl) novelli	të porsamartuar (pl)	[tə porsamartúar]
luna (f) di miele	muaj mjalti (m)	[múaj mjálti]
sposarsi (per una donna)	martohem	[martóhεm]
sposarsi (per un uomo)	martohem	[martóhεm]

nozze (f pl)	dasmë (f)	[dásmə]
nozze (f pl) d'oro	martesë e artë (f)	[martésə ε ártə]
anniversario (m)	përvjetor (m)	[pərvjεtór]

amante (m)	dashnor (m)	[daʃnór]
amante (f)	dashnore (f)	[daʃnórε]

adulterio (m)	tradhti bashkëshortore (f)	[traðtí baʃkəʃortórε]
tradire (commettere adulterio)	tradhtoj ...	[traðtój ...]
geloso (agg)	xheloz	[dʒεlóz]
essere geloso	jam xheloz	[jam dʒεlóz]
divorzio (m)	divorc (m)	[divórts]
divorziare (vi)	divorcoj	[divortsój]

litigare (vi)	grindem	[gríndεm]
fare pace	pajtohem	[pajtóhεm]
insieme	së bashku	[sə báʃku]
sesso (m)	seks (m)	[sεks]

felicità (f)	lumturi (f)	[lumturí]
felice (agg)	i lumtur	[i lúmtur]
disgrazia (f)	fatkeqësi (f)	[fatkεcəsí]
infelice (agg)	i trishtuar	[i triʃtúar]

Personalità. Sentimenti. Emozioni

58. Sentimenti. Emozioni

sentimento (m)	ndjenjë (f)	[ndjéɲə]
sentimenti (m pl)	ndjenja (pl)	[ndjéɲa]
sentire (vt)	ndjej	[ndjéj]

fame (f)	uri (f)	[urí]
avere fame	kam uri	[kam urí]
sete (f)	etje (f)	[étjɛ]
avere sete	kam etje	[kam étjɛ]
sonnolenza (f)	përgjumësi (f)	[pəɾɟuməsí]
avere sonno	përgjumje	[pəɾɟúmjɛ]

stanchezza (f)	lodhje (f)	[lóðjɛ]
stanco (agg)	i lodhur	[i lóður]
stancarsi (vr)	lodhem	[lóðɛm]

umore (m) (buon ~)	humor (m)	[humór]
noia (f)	mërzitje (f)	[mərzítjɛ]
annoiarsi (vr)	mërzitem	[mərzítɛm]
isolamento (f)	izolim (m)	[izolím]
isolarsi (vr)	izolohem	[izolóhɛm]

preoccupare (vt)	shqetësoj	[ʃcɛtəsój]
essere preoccupato	shqetësohem	[ʃcɛtəsóhɛm]
agitazione (f)	shqetësim (m)	[ʃcɛtəsím]
preoccupazione (f)	ankth (m)	[ankθ]
preoccupato (agg)	i merakosur	[i mɛrakósur]
essere nervoso	nervozohem	[nɛrvozóhɛm]
andare in panico	më zë paniku	[mə zə paníku]

| speranza (f) | shpresë (f) | [ʃprésə] |
| sperare (vi, vt) | shpresoj | [ʃprɛsój] |

certezza (f)	siguri (f)	[sigurí]
sicuro (agg)	i sigurt	[i sígurt]
incertezza (f)	pasiguri (f)	[pasigurí]
incerto (agg)	i pasigurt	[i pasígurt]

ubriaco (agg)	i dehur	[i déhur]
sobrio (agg)	i kthjellët	[i kθjéłət]
debole (agg)	i dobët	[i dóbət]
fortunato (agg)	i lumtur	[i lúmtur]
spaventare (vt)	tremb	[trɛmb]
furia (f)	tërbim (m)	[tərbím]
rabbia (f)	inat (m)	[inát]
depressione (f)	depresion (m)	[dɛprɛsión]
disagio (m)	parehati (f)	[parɛhatí]

conforto (m)	rehati (f)	[rɛhatí]
rincrescere (vi)	pendohem	[pɛndóhɛm]
rincrescimento (m)	pendim (m)	[pɛndím]
sfortuna (f)	ters (m)	[tɛrs]
tristezza (f)	trishtim (m)	[triʃtím]

vergogna (f)	turp (m)	[turp]
allegria (f)	gëzim (m)	[gəzím]
entusiasmo (m)	entuziazëm (m)	[ɛntuziázəm]
entusiasta (m)	entuziast (m)	[ɛntuziást]
mostrare entusiasmo	tregoj entuziazëm	[trɛgój ɛntuziázəm]

59. Personalità. Carattere

carattere (m)	karakter (m)	[karaktér]
difetto (m)	dobësi karakteri (f)	[dobəsí karaktéri]
mente (f)	mendje (f)	[méndjɛ]
intelletto (m)	arsye (f)	[arsýɛ]

coscienza (f)	ndërgjegje (f)	[ndərɟéɟɛ]
abitudine (f)	zakon (m)	[zakón]
capacità (f)	aftësi (f)	[aftəsí]
sapere (~ nuotare)	mund	[mund]

paziente (agg)	i duruar	[i durúar]
impaziente (agg)	i paduruar	[i padurúar]
curioso (agg)	kurioz	[kurióz]
curiosità (f)	kuriozitet (m)	[kuriozitét]

modestia (f)	modesti (f)	[modɛstí]
modesto (agg)	modest	[modést]
immodesto (agg)	i paturpshëm	[i patúrpʃəm]

pigrizia (f)	dembeli (f)	[dɛmbɛlí]
pigro (agg)	dembel	[dɛmbél]
poltrone (m)	dembel (m)	[dɛmbél]

furberia (f)	dinakëri (f)	[dinakərí]
furbo (agg)	dinak	[dinák]
diffidenza (f)	mosbesim (m)	[mosbɛsím]
diffidente (agg)	mosbesues	[mosbɛsúɛs]

generosità (f)	zemërgjerësi (f)	[zɛmərɟɛrəsí]
generoso (agg)	zemërgjerë	[zɛmərɟérə]
di talento	i talentuar	[i talɛntúar]
talento (m)	talent (m)	[talént]

coraggioso (agg)	i guximshëm	[i gudzímʃəm]
coraggio (m)	guxim (m)	[gudzím]
onesto (agg)	i ndershëm	[i ndérʃəm]
onestà (f)	ndershmëri (f)	[ndɛrʃmərí]

prudente (agg)	i kujdesshëm	[i kujdésʃəm]
valoroso (agg)	trim, guximtar	[trim], [gudzimtár]

| serio (agg) | serioz | [sɛrióz] |
| severo (agg) | i rreptë | [i réptə] |

deciso (agg)	i vendosur	[i vɛndósur]
indeciso (agg)	i pavendosur	[i pavɛndósur]
timido (agg)	i turpshëm	[i túrpʃəm]
timidezza (f)	turp (m)	[turp]

fiducia (f)	besim në vetvete (m)	[bɛsím nə vɛtvétɛ]
fidarsi (vr)	besoj	[bɛsój]
fiducioso (agg)	i besueshëm	[i bɛsúɛʃəm]

sinceramente	sinqerisht	[síncɛriʃt]
sincero (agg)	i sinqertë	[i sincértə]
sincerità (f)	sinqeritet (m)	[sincɛritét]
aperto (agg)	i hapur	[i hápur]

tranquillo (agg)	i qetë	[i cétə]
sincero (agg)	i dëlirë	[i dəlírə]
ingenuo (agg)	naiv	[naív]
distratto (agg)	i hutuar	[i hutúar]
buffo (agg)	zbavitës	[zbavítəs]

avidità (f)	lakmi (f)	[lakmí]
avido (agg)	lakmues	[lakmúɛs]
avaro (agg)	koprrac	[kopráts]
cattivo (agg)	djallëzor	[djaɬəzór]
testardo (agg)	kokëfortë	[kokəfórtə]
antipatico (agg)	i pakëndshëm	[i pakéndʃəm]

egoista (m)	egoist (m)	[ɛgoíst]
egoistico (agg)	egoist	[ɛgoíst]
codardo (m)	frikacak (m)	[frikatsák]
codardo (agg)	frikacak	[frikatsák]

60. Dormire. Sogni

dormire (vi)	fle	[flɛ]
sonno (m) (stato di sonno)	gjumë (m)	[ɟúmə]
sogno (m)	ëndërr (m)	[éndər]
sognare (fare sogni)	ëndërroj	[əndərój]
sonnolento (agg)	përgjumshëm	[pərɟúmʃəm]

letto (m)	shtrat (m)	[ʃtrat]
materasso (m)	dyshek (m)	[dyʃék]
coperta (f)	mbulesë (f)	[mbulésə]
cuscino (m)	jastëk (m)	[jasték]
lenzuolo (m)	çarçaf (m)	[tʃartʃáf]

insonnia (f)	pagjumësi (f)	[paɟuməsí]
insonne (agg)	i pagjumë	[i paɟúmə]
sonnifero (m)	ilaç gjumi (m)	[ilátʃ ɟúmi]
prendere il sonnifero	marr ilaç gjumi	[mar ilátʃ ɟúmi]
avere sonno	përgjumje	[pərɟúmjɛ]

sbadigliare (vi)	më hapet goja	[mə hápɛt gója]
andare a letto	shkoj të fle	[ʃkoj tə flɛ]
fare il letto	rregulloj shtratin	[rɛguɫój ʃtrátin]
addormentarsi (vr)	më zë gjumi	[mə zə ɟúmi]

incubo (m)	ankth (m)	[ankθ]
russare (m)	gërhitje (f)	[gərhítjɛ]
russare (vi)	gërhas	[gərhás]

sveglia (f)	orë me zile (f)	[órə mɛ zílɛ]
svegliare (vt)	zgjoj	[zɟoj]
svegliarsi (vr)	zgjohem nga gjumi	[zɟóhɛm ŋa ɟúmi]
alzarsi (vr)	ngrihem	[ŋríhɛm]
lavarsi (vr)	laj	[laj]

61. Umorismo. Risata. Felicità

umorismo (m)	humor (m)	[humór]
senso (m) dello humour	sens humori (m)	[sɛns humóri]
divertirsi (vr)	kënaqem	[kənácɛm]
allegro (agg)	gëzueshëm	[gəzúɛʃəm]
allegria (f)	gëzim (m)	[gəzím]

sorriso (m)	buzëqeshje (f)	[buzəcéʃɛ]
sorridere (vi)	buzëqesh	[buzəcéʃ]
mettersi a ridere	filloj të qesh	[fiɫój tə céʃ]
ridere (vi)	qesh	[cɛʃ]
riso (m)	qeshje (f)	[céʃɛ]

aneddoto (m)	anekdotë (f)	[anɛkdótə]
divertente (agg)	për të qeshur	[pər tə céʃur]
ridicolo (agg)	zbavitës	[zbavítəs]

scherzare (vi)	bëj shaka	[bəj ʃaká]
scherzo (m)	shaka (f)	[ʃaká]
gioia (f) (fare salti di ~)	gëzim (m)	[gəzím]
rallegrarsi (vr)	ngazëllohem	[ŋazəɫóhɛm]
allegro (agg)	gazmor	[gazmór]

62. Discussione. Conversazione. Parte 1

comunicazione (f)	komunikim (m)	[komunikím]
comunicare (vi)	komunikoj	[komunikój]

conversazione (f)	bisedë (f)	[bisédə]
dialogo (m)	dialog (m)	[dialóg]
discussione (f)	diskutim (m)	[diskutím]
dibattito (m)	mosmarrëveshje (f)	[mosmarəvéʃɛ]
discutere (vi)	kundërshtoj	[kundərʃtój]

interlocutore (m)	bashkëbisedues (m)	[baʃkəbisɛdúɛs]
tema (m)	temë (f)	[témə]

punto (m) di vista	pikëpamje (f)	[pikəpámjɛ]
opinione (f)	opinion (m)	[opinión]
discorso (m)	fjalim (m)	[fjalím]

discussione (f)	diskutim (m)	[diskutím]
discutere (~ una proposta)	diskutoj	[diskutój]
conversazione (f)	bisedë (f)	[bisédə]
conversare (vi)	bisedoj	[bisɛdój]
incontro (m)	takim (m)	[takím]
incontrarsi (vr)	takoj	[takój]

proverbio (m)	fjalë e urtë (f)	[fjálə ɛ úrtə]
detto (m)	thënie (f)	[θə́niɛ]
indovinello (m)	gjëegjëzë (f)	[ɟəéɟəzə]
fare un indovinello	them gjëegjëzë	[θɛm ɟəéɟəzə]
parola (f) d'ordine	fjalëkalim (m)	[fjaləkalím]
segreto (m)	sekret (m)	[sɛkrét]

giuramento (m)	betim (m)	[bɛtím]
giurare (prestare giuramento)	betohem	[bɛtóhɛm]
promessa (f)	premtim (m)	[prɛmtím]
promettere (vt)	premtoj	[prɛmtój]

consiglio (m)	këshillë (f)	[kəʃílə]
consigliare (vt)	këshilloj	[kəʃitój]
seguire il consiglio	ndjek këshillën	[ndjék kəʃítən]
ubbidire (ai genitori)	bindem ...	[bíndɛm ...]

notizia (f)	lajme (f)	[lájmɛ]
sensazione (f)	ndjesi (f)	[ndjɛsí]
informazioni (f pl)	informacion (m)	[informatsión]
conclusione (f)	përfundim (m)	[pərfundím]
voce (f)	zë (f)	[zə]
complimento (m)	kompliment (m)	[komplimént]
gentile (agg)	i mirë	[i mírə]

parola (f)	fjalë (f)	[fjálə]
frase (f)	frazë (f)	[frázə]
risposta (f)	përgjigje (f)	[pərɟíɟɛ]

| verità (f) | e vërtetë (f) | [ɛ vərtétə] |
| menzogna (f) | gënjeshtër (f) | [gəɲéʃtər] |

pensiero (m)	mendim (m)	[mɛndím]
idea (f)	ide (f)	[idé]
fantasia (f)	fantazi (f)	[fantazí]

63. Discussione. Conversazione. Parte 2

rispettato (agg)	i nderuar	[i ndɛrúar]
rispettare (vt)	nderoj	[ndɛrój]
rispetto (m)	nder (m)	[ndér]
Egregio ...	i dashur ...	[i dáʃur ...]
presentare (~ qn)	prezantoj	[prɛzantój]

fare la conoscenza di ...	njoftoj	[ɲoftój]
intenzione (f)	qëllim (m)	[cəłím]
avere intenzione	kam ndërmend	[kam ndərménd]
augurio (m)	dëshirë (f)	[dəʃírə]
augurare (vt)	dëshiroj	[dəʃirój]

sorpresa (f)	surprizë (f)	[surprízə]
sorprendere (stupire)	befasoj	[bɛfasój]
stupirsi (vr)	çuditem	[tʃudítɛm]

dare (vt)	jap	[jap]
prendere (vt)	marr	[mar]
rendere (vt)	kthej	[kθɛj]
restituire (vt)	rikthej	[rikθéj]

scusarsi (vr)	kërkoj falje	[kərkój fáljɛ]
scusa (f)	falje (f)	[fáljɛ]
perdonare (vt)	fal	[fal]

parlare (vi, vt)	flas	[flas]
ascoltare (vi)	dëgjoj	[dəɟój]
ascoltare fino in fondo	tregoj vëmendje	[trɛgój vəméndjɛ]
capire (vt)	kuptoj	[kuptój]

mostrare (vt)	tregoj	[trɛgój]
guardare (vt)	shikoj ...	[ʃikój ...]
chiamare (rivolgersi a)	thërras	[θərás]
dare fastidio	tërheq vëmendjen	[tərhéc vəméndjɛn]
disturbare (vt)	shqetësoj	[ʃcɛtəsój]
consegnare (vt)	jap	[jap]

richiesta (f)	kërkesë (f)	[kərkésə]
chiedere (vt)	kërkoj	[kərkój]
esigenza (f)	kërkesë (f)	[kərkésə]
esigere (vt)	kërkoj	[kərkój]

stuzzicare (vt)	ngacmoj	[ŋatsmój]
canzonare (vt)	tallem	[táłɛm]
burla (f), beffa (f)	tallje (f)	[táłjɛ]
soprannome (m)	pseudonim (m)	[psɛudoním]

allusione (f)	nënkuptim (m)	[nənkuptím]
alludere (vi)	nënkuptoj	[nənkuptój]
intendere (cosa intendi dire?)	dua të them	[dúa tə θém]

descrizione (f)	përshkrim (m)	[pərʃkrím]
descrivere (vt)	përshkruaj	[pərʃkrúaj]
lode (f)	lëvdatë (f)	[ləvdátə]
lodare (vt)	lavdëroj	[lavdərój]

delusione (f)	zhgënjim (m)	[ʒgəɲím]
deludere (vt)	zhgënjej	[ʒgəɲéj]
rimanere deluso	zhgënjehem	[ʒgəɲéhɛm]

supposizione (f)	supozim (m)	[supozím]
supporre (vt)	supozoj	[supozój]

| avvertimento (m) | paralajmërim (m) | [paralajmərím] |
| avvertire (vt) | paralajmëroj | [paralajmərój] |

64. Discussione. Conversazione. Parte 3

| persuadere (vt) | bind | [bínd] |
| tranquillizzare (vt) | qetësoj | [cɛtəsój] |

silenzio (m) (il ~ è d'oro)	heshtje (f)	[héʃtjɛ]
tacere (vi)	i heshtur	[i héʃtur]
sussurrare (vt)	pëshpëris	[pəʃpərís]
sussurro (m)	pëshpërimë (f)	[pəʃpərímə]

| francamente | sinqerisht | [sínɕɛriʃt] |
| secondo me ... | sipas mendimit tim ... | [sipás mɛndímit tim ...] |

dettaglio (m)	detaj (m)	[dɛtáj]
dettagliato (agg)	i detajuar	[i dɛtajúar]
dettagliatamente	hollësisht	[hoɬəsíʃt]

| suggerimento (m) | sugjerim (m) | [suɟɛrím] |
| suggerire (vt) | aludoj | [aludój] |

sguardo (m)	shikim (m)	[ʃikím]
gettare uno sguardo	i hedh një sy	[i héð ɲə sý]
fisso (agg)	i ngurtë	[i ŋúrtə]
battere le palpebre	hap e mbyll sytë	[hap ɛ mbýɬ sýtə]
ammiccare (vi)	luaj syrin	[lúaj sýrin]
accennare col capo	pohoj me kokë	[pohój mɛ kókə]

sospiro (m)	psherëtimë (f)	[pʃɛrətímə]
sospirare (vi)	psherëtij	[pʃɛrətíj]
sussultare (vi)	rrëqethem	[rəcéθɛm]
gesto (m)	gjest (m)	[ɟɛst]
toccare (~ il braccio)	prek	[prɛk]
afferrare (~ per il braccio)	kap	[kap]
picchiettare (~ la spalla)	prek	[prɛk]

Attenzione!	Kujdes!	[kujdés!]
Davvero?	Vërtet?	[vərtét?]
Sei sicuro?	Je i sigurt?	[jɛ i sígurt?]
Buona fortuna!	Paç fat!	[patʃ fat!]
Capito!	E kuptova!	[ɛ kuptóva!]
Peccato!	Sa keq!	[sa kɛc!]

65. Accordo. Rifiuto

accordo (m)	leje (f)	[léjɛ]
essere d'accordo	lejoj	[lɛjój]
approvazione (f)	miratim (m)	[miratím]
approvare (vt)	miratoj	[miratój]
rifiuto (m)	refuzim (m)	[rɛfuzím]

rifiutarsi (vr)	refuzoj	[rɛfuzój]
Perfetto!	Të lumtë!	[tə lúmtə!]
Va bene!	Në rregull!	[nə régułˀ!]
D'accordo!	Në rregull!	[nə régułˀ!]

vietato, proibito (agg)	i ndaluar	[i ndalúar]
è proibito	është e ndalúar	[éʃtə ɛ ndalúar]
è impossibile	është e pamundur	[éʃtə ɛ pámundur]
sbagliato (agg)	i pasaktë	[i pasáktə]

respingere (~ una richiesta)	hedh poshtë	[hɛð póʃtə]
sostenere (~ un'idea)	mbështes	[mbəʃtés]
accettare (vt)	pranoj	[pranój]

confermare (vt)	konfirmoj	[konfirmój]
conferma (f)	konfirmim (m)	[konfirmím]
permesso (m)	leje (f)	[léjɛ]
permettere (vt)	lejoj	[lɛjój]
decisione (f)	vendim (m)	[vɛndím]
non dire niente	nuk them asgjë	[nuk θɛm ásɟə]

condizione (f)	kusht (m)	[kuʃt]
pretesto (m)	justifikim (m)	[justifikím]
lode (f)	lëvdata (f)	[ləvdáta]
lodare (vt)	lavdëroj	[lavdərój]

66. Successo. Fortuna. Fiasco

successo (m)	sukses (m)	[suksés]
con successo	me sukses	[mɛ suksés]
ben riuscito (agg)	i suksesshëm	[i suksésʃəm]

fortuna (f)	fat (m)	[fat]
Buona fortuna!	Paç fat!	[patʃ fat!]
fortunato (giorno ~)	me fat	[mɛ fat]
fortunato (persona ~a)	fatlum	[fatlúm]

fiasco (m)	dështim (m)	[dəʃtím]
disdetta (f)	fatkeqësi (f)	[fatkɛcəsí]
sfortuna (f)	ters (m)	[tɛrs]

fallito (agg)	i pasuksesshëm	[i pasuksésʃəm]
disastro (m)	katastrofë (f)	[katastrófə]

orgoglio (m)	krenari (f)	[krɛnarí]
orgoglioso (agg)	krenar	[krɛnár]
essere fiero di ...	jam krenar	[jam krɛnár]

vincitore (m)	fitues (m)	[fitúɛs]
vincere (vi)	fitoj	[fitój]
perdere (subire una sconfitta)	humb	[húmb]
tentativo (m)	përpjekje (f)	[pərpjékjɛ]
tentare (vi)	përpiqem	[pərpícɛm]
chance (f)	shans (m)	[ʃans]

67. Dispute. Sentimenti negativi

grido (m)	britmë (f)	[brítmə]
gridare (vi)	bërtas	[bərtás]
mettersi a gridare	filloj të ulërij	[fiɫój tə uləríj]

litigio (m)	grindje (f)	[gríndjɛ]
litigare (vi)	grindem	[gríndɛm]
lite (f)	sherr (m)	[ʃɛr]
dare scandalo (litigare)	bëj skenë	[bəj skénə]
conflitto (m)	konflikt (m)	[konflíkt]
fraintendimento (m)	keqkuptim (m)	[kɛckuptím]

insulto (m)	ofendim (m)	[ofɛndím]
insultare (vt)	fyej	[fýɛj]
offeso (agg)	i ofenduar	[i ofɛndúar]
offesa (f)	fyerje (f)	[fýɛrjɛ]
offendere (qn)	ofendoj	[ofɛndój]
offendersi (vr)	mbrohem	[mbróhɛm]

indignazione (f)	indinjatë (f)	[indiɲátə]
indignarsi (vr)	zemërohem	[zɛməróhɛm]
lamentela (f)	ankesë (f)	[ankésə]
lamentarsi (vr)	ankohem	[ankóhɛm]

scusa (f)	falje (f)	[fáljɛ]
scusarsi (vr)	kërkoj falje	[kərkój fáljɛ]
chiedere scusa	kërkoj ndjesë	[kərkój ndjésə]

critica (f)	kritikë (f)	[kritíkə]
criticare (vt)	kritikoj	[kritikój]
accusa (f)	akuzë (f)	[akúzə]
accusare (vt)	akuzoj	[akuzój]

vendetta (f)	hakmarrje (f)	[hakmárjɛ]
vendicare (vt)	hakmerrem	[hakmérɛm]
vendicarsi (vr)	shpaguaj	[ʃpagúaj]

disprezzo (m)	përbuzje (f)	[pərbúzjɛ]
disprezzare (vt)	përbuz	[pərbúz]
odio (m)	urrejtje (f)	[uréjtjɛ]
odiare (vt)	urrej	[uréj]

nervoso (agg)	nervoz	[nɛrvóz]
essere nervoso	nervozohem	[nɛrvozóhɛm]
arrabbiato (agg)	i zemëruar	[i zɛmərúar]
fare arrabbiare	zemëroj	[zɛmərój]

umiliazione (f)	poshtërim (m)	[poʃtərím]
umiliare (vt)	poshtëroj	[poʃtərój]
umiliarsi (vr)	poshtërohem	[poʃtəróhɛm]

shock (m)	tronditje (f)	[trondítjɛ]
scandalizzare (vt)	trondit	[trondít]
problema (m) (avere ~i)	shqetësim (m)	[ʃcɛtəsím]

spiacevole (agg)	i pakëndshëm	[i pakëndʃəm]
spavento (m), paura (f)	frikë (f)	[fríkə]
terribile (una tempesta ~)	i tmerrshëm	[i tmérʃəm]
spaventoso (un racconto ~)	i frikshëm	[i fríkʃəm]
orrore (m)	horror (m)	[horór]
orrendo (un crimine ~)	i tmerrshëm	[i tmérʃəm]

cominciare a tremare	filloj të dridhem	[fiɫój tə dríðɛm]
piangere (vi)	qaj	[caj]
mettersi a piangere	filloj të qaj	[fiɫój tə cáj]
lacrima (f)	lot (m)	[lot]

colpa (f)	faj (m)	[faj]
senso (m) di colpa	faj (m)	[faj]
vergogna (f)	turp (m)	[turp]
protesta (f)	protestë (f)	[protéstə]
stress (m)	stres (m)	[strɛs]

disturbare (vt)	shqetësoj	[ʃcɛtəsój]
essere arrabbiato	tërbohem	[tərbóhɛm]
arrabbiato (agg)	i inatosur	[i inatósur]
porre fine a ... (~ una relazione)	përfundoj	[pərfundój]
rimproverare (vt)	betohem	[bɛtóhɛm]

spaventarsi (vr)	tremb	[trɛmb]
colpire (vt)	qëlloj	[cəɫój]
picchiarsi (vr)	grindem	[gríndɛm]

regolare (~ un conflitto)	zgjidh	[zɟið]
scontento (agg)	i pakënaqur	[i pakənácur]
furioso (agg)	i xhindosur	[i dʒindósur]

| Non sta bene! | Nuk është mirë! | [nuk əʃtə mírə!] |
| Fa male! | Është keq! | [əʃtə kɛc!] |

Medicinali

68. Malattie

malattia (f)	sëmundje (f)	[səmúndjɛ]
essere malato	jam sëmurë	[jam səmúrə]
salute (f)	shëndet (m)	[ʃəndét]

raffreddore (m)	rrifë (f)	[rífə]
tonsillite (f)	grykët (m)	[grýkət]
raffreddore (m)	ftohje (f)	[ftóhjɛ]
raffreddarsi (vr)	ftohem	[ftóhɛm]

bronchite (f)	bronkit (m)	[bronkít]
polmonite (f)	pneumoni (f)	[pnɛumoní]
influenza (f)	grip (m)	[grip]

miope (agg)	miop	[mióp]
presbite (agg)	presbit	[prɛsbít]
strabismo (m)	strabizëm (m)	[strabízəm]
strabico (agg)	strabik	[strabík]
cateratta (f)	katarakt (m)	[katarákt]
glaucoma (m)	glaukoma (f)	[glaukóma]

ictus (m) cerebrale	goditje (f)	[godítjɛ]
attacco (m) di cuore	sulm në zemër (m)	[sulm nə zémər]
infarto (m) miocardico	infarkt miokardiak (m)	[infárkt miokardiák]
paralisi (f)	paralizë (f)	[paralízə]
paralizzare (vt)	paralizoj	[paralizój]

allergia (f)	alergji (f)	[alɛɾɟí]
asma (f)	astmë (f)	[ástmə]
diabete (m)	diabet (m)	[diabét]

| mal (m) di denti | dhimbje dhëmbi (f) | [ðímbjɛ ðə́mbi] |
| carie (f) | karies (m) | [kariés] |

diarrea (f)	diarre (f)	[diaré]
stitichezza (f)	kapsllëk (m)	[kapsɬə́k]
disturbo (m) gastrico	dispepsi (f)	[dispɛpsí]
intossicazione (f) alimentare	helmim (m)	[hɛlmím]
intossicarsi (vr)	helmohem nga ushqimi	[hɛlmóhɛm ŋa uʃcími]

artrite (f)	artrit (m)	[artrít]
rachitide (f)	rakit (m)	[rakít]
reumatismo (m)	reumatizëm (m)	[rɛumatízəm]
aterosclerosi (f)	arteriosklerozë (f)	[artɛrioisklɛrózə]

| gastrite (f) | gastrit (m) | [gastrít] |
| appendicite (f) | apendicit (m) | [apɛnditsít] |

| colecistite (f) | kolecistit (m) | [kolɛtsistít] |
| ulcera (f) | ulcerë (f) | [ultsérə] |

morbillo (m)	fruth (m)	[fruθ]
rosolia (f)	rubeola (f)	[rubɛóla]
itterizia (f)	verdhëza (f)	[vérðəza]
epatite (f)	hepatit (m)	[hɛpatít]

schizofrenia (f)	skizofreni (f)	[skizofrɛní]
rabbia (f)	sëmundje e tërbimit (f)	[səmúndjɛ ɛ tərbímit]
nevrosi (f)	neurozë (f)	[nɛurózə]
commozione (f) cerebrale	tronditje (f)	[trondítjɛ]

cancro (m)	kancer (m)	[kantsér]
sclerosi (f)	sklerozë (f)	[sklɛrózə]
sclerosi (f) multipla	sklerozë e shumëfishtë (f)	[sklɛrózə ɛ ʃuməfíʃtə]

alcolismo (m)	alkoolizëm (m)	[alkoolízəm]
alcolizzato (m)	alkoolik (m)	[alkoolík]
sifilide (f)	sifiliz (m)	[sifilíz]
AIDS (m)	SIDA (f)	[sída]

tumore (m)	tumor (m)	[tumór]
maligno (agg)	malinj	[malíɲ]
benigno (agg)	beninj	[bɛníɲ]

febbre (f)	ethe (f)	[éθɛ]
malaria (f)	malarie (f)	[malaríɛ]
cancrena (f)	gangrenë (f)	[gaŋrénə]
mal (m) di mare	sëmundje deti (f)	[səmúndjɛ déti]
epilessia (f)	epilepsi (f)	[ɛpilɛpsí]

epidemia (f)	epidemi (f)	[ɛpidɛmí]
tifo (m)	tifo (f)	[tífo]
tubercolosi (f)	tuberkuloz (f)	[tubɛrkulóz]
colera (m)	kolerë (f)	[kolérə]
peste (f)	murtaja (f)	[murtája]

69. Sintomi. Cure. Parte 1

sintomo (m)	simptomë (f)	[simptómə]
temperatura (f)	temperaturë (f)	[tɛmpɛratúrə]
febbre (f) alta	temperaturë e lartë (f)	[tɛmpɛratúrə ɛ lártə]
polso (m)	puls (m)	[puls]

capogiro (m)	marrje mendsh (m)	[márjɛ méndʃ]
caldo (agg)	i nxehtë	[i ndzéhtə]
brivido (m)	drithërima (f)	[driθəríma]
pallido (un viso ~)	i zbehur	[i zbéhur]

tosse (f)	kollë (f)	[kótə]
tossire (vi)	kollitem	[kotítɛm]
starnutire (vi)	teshtij	[tɛʃtíj]
svenimento (m)	të fikët (f)	[tə fíkət]

svenire (vi)	bie të fikët	[bíɛ tə fíkət]
livido (m)	mavijosje (f)	[mavijósjɛ]
bernoccolo (m)	gungë (f)	[gúŋə]
farsi un livido	godas	[godás]
contusione (f)	lëndim (m)	[ləndím]
farsi male	lëndohem	[ləndóhɛm]

zoppicare (vi)	çaloj	[tʃalój]
slogatura (f)	dislokim (m)	[dislokím]
slogarsi (vr)	del nga vendi	[dɛl ŋa véndi]
frattura (f)	thyerje (f)	[θýɛrjɛ]
fratturarsi (vr)	thyej	[θýɛj]

taglio (m)	e prerë (f)	[ɛ prérə]
tagliarsi (vr)	pres veten	[prɛs vétɛn]
emorragia (f)	rrjedhje gjaku (f)	[rjéðjɛ ɟáku]

scottatura (f)	djegie (f)	[djégiɛ]
scottarsi (vr)	digjem	[díɟɛm]

pungere (vt)	shpoj	[ʃpoj]
pungersi (vr)	shpohem	[ʃpóhɛm]
ferire (vt)	dëmtoj	[dəmtój]
ferita (f)	dëmtim (m)	[dəmtím]
lesione (f)	plagë (f)	[plágə]
trauma (m)	traumë (f)	[traúmə]

delirare (vi)	fol përçart	[fól pərtʃárt]
tartagliare (vi)	belbëzoj	[bɛlbəzój]
colpo (m) di sole	pikë e diellit (f)	[píkə ɛ diéɬit]

70. Sintomi. Cure. Parte 2

dolore (m), male (m)	dhimbje (f)	[ðímbjɛ]
scheggia (f)	cifël (f)	[tsífəl]

sudore (m)	djersë (f)	[djérsə]
sudare (vi)	djersij	[djɛrsíj]
vomito (m)	të vjella (f)	[tə vjéɬa]
convulsioni (f pl)	konvulsione (f)	[konvulsiónɛ]

incinta (agg)	shtatzënë	[ʃtatzénə]
nascere (vi)	lind	[lind]
parto (m)	lindje (f)	[líndjɛ]
essere in travaglio di parto	sjell në jetë	[sjɛt nə jétə]
aborto (m)	abort (m)	[abórt]

respirazione (f)	frymëmarrje (f)	[fryməmárjɛ]
inspirazione (f)	mbajtje e frymës (f)	[mbájtjɛ ɛ frýməs]
espirazione (f)	lëshim i frymës (m)	[ləʃím i frýməs]
espirare (vi)	nxjerr frymën	[ndzjér frýmən]
inspirare (vi)	marr frymë	[mar frýmə]
invalido (m)	invalid (m)	[invalíd]
storpio (m)	i gjymtuar (m)	[i ɟymtúar]

drogato (m)	narkoman (m)	[narkomán]
sordo (agg)	shurdh	[ʃurð]
muto (agg)	memec	[mɛméts]
sordomuto (agg)	shurdh-memec	[ʃurð-mɛméts]

matto (agg)	i marrë	[i márə]
matto (m)	i çmendur (m)	[i tʃméndur]
matta (f)	e çmendur (f)	[ɛ tʃméndur]
impazzire (vi)	çmendem	[tʃméndɛm]

gene (m)	gen (m)	[gɛn]
immunità (f)	imunitet (m)	[imunitét]
ereditario (agg)	e trashëguar	[ɛ traʃəgúar]
innato (agg)	e lindur	[ɛ líndur]

virus (m)	virus (m)	[virús]
microbo (m)	mikrob (m)	[mikrób]
batterio (m)	bakterie (f)	[baktériɛ]
infezione (f)	infeksion (m)	[infɛksión]

71. Sintomi. Cure. Parte 3

| ospedale (m) | spital (m) | [spitál] |
| paziente (m) | pacient (m) | [patsiént] |

diagnosi (f)	diagnozë (f)	[diagnózə]
cura (f)	kurë (f)	[kúrə]
trattamento (m)	trajtim mjekësor (m)	[trajtím mjɛkəsór]
curarsi (vr)	kurohem	[kuróhɛm]
curare (vt)	kuroj	[kurój]
accudire (un malato)	kujdesem	[kujdésɛm]
assistenza (f)	kujdes (m)	[kujdés]

operazione (f)	operacion (m)	[opɛratsión]
bendare (vt)	fashoj	[faʃój]
fasciatura (f)	fashim (m)	[faʃím]

vaccinazione (f)	vaksinim (m)	[vaksiním]
vaccinare (vt)	vaksinoj	[vaksinój]
iniezione (f)	injeksion (m)	[iɲɛksión]
fare una puntura	bëj injeksion	[bəj iɲɛksíon]

attacco (m) (~ epilettico)	atak (m)	[aták]
amputazione (f)	amputim (m)	[amputím]
amputare (vt)	amputoj	[amputój]
coma (m)	komë (f)	[kómə]
essere in coma	jam në komë	[jam nə kómə]
rianimazione (f)	kujdes intensiv (m)	[kujdés intɛnsív]

guarire (vi)	shërohem	[ʃəróhɛm]
stato (f) (del paziente)	gjendje (f)	[ɟéndjɛ]
conoscenza (f)	vetëdije (f)	[vɛtədíjɛ]
memoria (f)	kujtesë (f)	[kujtésə]
estrarre (~ un dente)	heq	[hɛc]

| otturazione (f) | mbushje (f) | [mbúʃʃɛ] |
| otturare (vt) | mbush | [mbúʃ] |

| ipnosi (f) | hipnozë (f) | [hipnózə] |
| ipnotizzare (vt) | hipnotizim | [hipnotizím] |

72. Medici

medico (m)	mjek (m)	[mjék]
infermiera (f)	infermiere (f)	[infɛrmiérɛ]
medico (m) personale	mjek personal (m)	[mjék pɛrsonál]

dentista (m)	dentist (m)	[dɛntíst]
oculista (m)	okulist (m)	[okulíst]
internista (m)	mjek i përgjithshëm (m)	[mjék i pərɟíθʃəm]
chirurgo (m)	kirurg (m)	[kirúrg]

psichiatra (m)	psikiatër (m)	[psikiátər]
pediatra (m)	pediatër (m)	[pɛdiátər]
psicologo (m)	psikolog (m)	[psikológ]
ginecologo (m)	gjinekolog (m)	[ɟinɛkológ]
cardiologo (m)	kardiolog (m)	[kardiológ]

73. Medicinali. Farmaci. Accessori

medicina (f)	ilaç (m)	[ilátʃ]
rimedio (m)	mjekim (m)	[mjɛkím]
prescrivere (vt)	shkruaj recetë	[ʃkrúaj rɛtsétə]
prescrizione (f)	recetë (f)	[rɛtsétə]

compressa (f)	pilulë (f)	[pilúlə]
unguento (m)	krem (m)	[krɛm]
fiala (f)	ampulë (f)	[ampúlə]
pozione (f)	përzierje (f)	[pərziérjɛ]
sciroppo (m)	shurup (m)	[ʃurúp]
pillola (f)	pilulë (f)	[pilúlə]
polverina (f)	pudër (f)	[púdər]

benda (f)	fashë garze (f)	[faʃə gárzɛ]
ovatta (f)	pambuk (m)	[pambúk]
iodio (m)	jod (m)	[jod]

cerotto (m)	leukoplast (m)	[lɛukoplást]
contagocce (m)	pikatore (f)	[pikatórɛ]
termometro (m)	termometër (m)	[tɛrmométər]
siringa (f)	shiringë (f)	[ʃiríŋə]

| sedia (f) a rotelle | karrocë me rrota (f) | [karótsə mɛ róta] |
| stampelle (f pl) | paterica (f) | [patɛrítsa] |

| analgesico (m) | qetësues (m) | [cɛtəsúɛs] |
| lassativo (m) | laksativ (m) | [laksatív] |

alcol (m)	alkool dezinfektues (m)	[alkoól dɛzinfɛktúɛs]
erba (f) officinale	bimë mjekësore (f)	[bímə mjɛkəsórɛ]
d'erbe (infuso ~)	çaj bimor	[tʃáj bimór]

74. Fumo. Prodotti di tabaccheria

tabacco (m)	duhan (m)	[duhán]
sigaretta (f)	cigare (f)	[tsigárɛ]
sigaro (m)	puro (f)	[púro]
pipa (f)	llullë (f)	[łúłə]
pacchetto (m) (di sigarette)	pako cigaresh (m)	[páko tsigárɛʃ]

fiammiferi (m pl)	shkrepëse (pl)	[ʃkrépəsɛ]
scatola (f) di fiammiferi	kuti shkrepësesh (f)	[kutí ʃkrépəsɛʃ]
accendino (m)	çakmak (m)	[tʃakmák]
portacenere (m)	taketuke (f)	[takɛtúkɛ]
portasigarette (m)	kuti cigaresh (f)	[kutí tsigárɛʃ]

| bocchino (m) | cigarishte (f) | [tsigaríʃtɛ] |
| filtro (m) | filtër (m) | [fíltər] |

fumare (vi, vt)	pi duhan	[pi duhán]
accendere una sigaretta	ndez një cigare	[ndɛz ɲə tsigárɛ]
fumo (m)	pirja e duhanit (f)	[pírja ɛ duhánit]
fumatore (m)	duhanpirës (m)	[duhanpírəs]

cicca (f), mozzicone (m)	bishti i cigares (m)	[bíʃti i tsigárɛs]
fumo (m)	tym (m)	[tym]
cenere (f)	hi (m)	[hi]

HABITAT UMANO

Città

75. Città. Vita di città

città (f)	qytet (m)	[cytét]
capitale (f)	kryeqytet (m)	[kryɛcytét]
villaggio (m)	fshat (m)	[fʃát]
mappa (f) della città	hartë e qytetit (f)	[hártə ɛ cytétit]
centro (m) della città	qendër e qytetit (f)	[céndər ɛ cytétit]
sobborgo (m)	periferi (f)	[pɛrifɛrí]
suburbano (agg)	periferik	[pɛrifɛrík]
periferia (f)	periferia (f)	[pɛrifɛría]
dintorni (m pl)	periferia (f)	[pɛrifɛría]
isolato (m)	bllok pallatesh (m)	[bɫók paɫátɛʃ]
quartiere residenziale	bllok banimi (m)	[bɫók baními]
traffico (m)	trafik (m)	[trafík]
semaforo (m)	semafor (m)	[sɛmafór]
trasporti (m pl) urbani	transport publik (m)	[transpórt publík]
incrocio (m)	kryqëzim (m)	[krycəzím]
passaggio (m) pedonale	kalim për këmbësorë (m)	[kalím pər kəmbəsórə]
sottopassaggio (m)	nënkalim për këmbësorë (m)	[nənkalím pər kəmbəsórə]
attraversare (vt)	kapërcej	[kapərtséj]
pedone (m)	këmbësor (m)	[kəmbəsór]
marciapiede (m)	trotuar (m)	[trotuár]
ponte (m)	urë (f)	[úrə]
banchina (f)	breg lumi (m)	[brɛg lúmi]
fontana (f)	shatërvan (m)	[ʃatərván]
vialetto (m)	rrugëz (m)	[rúgəz]
parco (m)	park (m)	[park]
boulevard (m)	bulevard (m)	[bulɛvárd]
piazza (f)	shesh (m)	[ʃɛʃ]
viale (m), corso (m)	bulevard (m)	[bulɛvárd]
via (f), strada (f)	rrugë (f)	[rúgə]
vicolo (m)	rrugë dytësore (f)	[rúgə dytəsórɛ]
vicolo (m) cieco	rrugë pa krye (f)	[rúgə pa krýɛ]
casa (f)	shtëpi (f)	[ʃtəpí]
edificio (m)	ndërtesë (f)	[ndərtésə]
grattacielo (m)	qiellgërvishtës (m)	[ciɛɫgərvíʃtəs]
facciata (f)	fasadë (f)	[fasádə]
tetto (m)	çati (f)	[tʃatí]

finestra (f)	dritare (f)	[dritárɛ]
arco (m)	hark (m)	[hárk]
colonna (f)	kolonë (f)	[kolónə]
angolo (m)	kënd (m)	[kə́nd]

vetrina (f)	vitrinë (f)	[vitrínə]
insegna (f) (di negozi, ecc.)	tabelë (f)	[tabélə]
cartellone (m)	poster (m)	[postér]
cartellone (m) pubblicitario	afishe reklamuese (f)	[afíʃɛ rɛklamúɛsɛ]
tabellone (m) pubblicitario	tabelë reklamash (f)	[tabélə rɛklámaʃ]

pattume (m), spazzatura (f)	plehra (f)	[pléhra]
pattumiera (f)	kosh plehrash (m)	[koʃ pléhraʃ]
sporcare (vi)	hedh mbeturina	[hɛð mbɛturína]
discarica (f) di rifiuti	deponi plehrash (f)	[dɛponí pléhraʃ]

cabina (f) telefonica	kabinë telefonike (f)	[kabínə tɛlɛfoníkɛ]
lampione (m)	shtyllë dritash (f)	[ʃtýłə drítaʃ]
panchina (f)	stol (m)	[stol]

poliziotto (m)	polic (m)	[políts]
polizia (f)	polici (f)	[politsí]
mendicante (m)	lypës (m)	[lýpəs]
barbone (m)	i pastrehë (m)	[i pastréhə]

76. Servizi cittadini

negozio (m)	dyqan (m)	[dycán]
farmacia (f)	farmaci (f)	[farmatsí]
ottica (f)	optikë (f)	[optíkə]
centro (m) commerciale	qendër tregtare (f)	[céndər trɛgtárɛ]
supermercato (m)	supermarket (m)	[supɛrmarkét]

panetteria (f)	furrë (f)	[fúrə]
fornaio (m)	furrtar (m)	[furtár]
pasticceria (f)	pastiçeri (f)	[pastiʧɛrí]
drogheria (f)	dyqan ushqimor (m)	[dycán uʃcimór]
macelleria (f)	dyqan mishi (m)	[dycán míʃi]

| fruttivendolo (m) | dyqan fruta-perimesh (m) | [dycán frúta-pɛrímɛʃ] |
| mercato (m) | treg (m) | [trɛg] |

caffè (m)	kafene (f)	[kafɛné]
ristorante (m)	restorant (m)	[rɛstoránt]
birreria (f), pub (m)	pab (m), pijetore (f)	[pab], [pijɛtórɛ]
pizzeria (f)	piceri (f)	[pitsɛrí]

salone (m) di parrucchiere	parukeri (f)	[parukɛrí]
ufficio (m) postale	zyrë postare (f)	[zýrə postárɛ]
lavanderia (f) a secco	pastrim kimik (m)	[pastrím kimík]
studio (m) fotografico	studio fotografike (f)	[stúdio fotografíkɛ]

| negozio (m) di scarpe | dyqan këpucësh (m) | [dycán kəpútsəʃ] |
| libreria (f) | librari (f) | [librarí] |

negozio (m) sportivo	dyqan me mallra sportivë (m)	[dycán mɛ mátra sportívə]
riparazione (f) di abiti	rrobaqepësi (f)	[robacɛpəsí]
noleggio (m) di abiti	dyqan veshjesh me qira (m)	[dycán véʃjɛʃ mɛ cirá]
noleggio (m) di film	dyqan videosh me qira (m)	[dycán vídɛoʃ mɛ cirá]

circo (m)	cirk (m)	[tsírk]
zoo (m)	kopsht zoologjik (m)	[kópʃt zooloɟík]
cinema (m)	kinema (f)	[kinɛmá]
museo (m)	muze (m)	[muzé]
biblioteca (f)	bibliotekë (f)	[bibliotékə]

teatro (m)	teatër (m)	[tɛátər]
teatro (m) dell'opera	opera (f)	[opéra]
locale notturno (m)	klub nate (m)	[klúb nátɛ]
casinò (m)	kazino (f)	[kazíno]

moschea (f)	xhami (f)	[dʒamí]
sinagoga (f)	sinagogë (f)	[sinagógə]
cattedrale (f)	katedrale (f)	[katɛdrálɛ]
tempio (m)	tempull (m)	[témput
chiesa (f)	kishë (f)	[kíʃə]

istituto (m)	kolegj (m)	[koléɟ]
università (f)	universitet (m)	[univɛrsitét]
scuola (f)	shkollë (f)	[ʃkótə]

prefettura (f)	prefekturë (f)	[prɛfɛktúrə]
municipio (m)	bashki (f)	[baʃkí]
albergo, hotel (m)	hotel (m)	[hotél]
banca (f)	bankë (f)	[bánkə]

ambasciata (f)	ambasadë (f)	[ambasádə]
agenzia (f) di viaggi	agjenci udhëtimesh (f)	[aɟɛntsí uðətímɛʃ]
ufficio (m) informazioni	zyrë informacioni (f)	[zýrə informatsióni]
ufficio (m) dei cambi	këmbim valutor (m)	[kəmbím valutór]

| metropolitana (f) | metro (f) | [mɛtró] |
| ospedale (m) | spital (m) | [spitál] |

| distributore (m) di benzina | pikë karburanti (f) | [píkə karburánti] |
| parcheggio (m) | parking (m) | [parkíɲ] |

77. Mezzi pubblici in città

autobus (m)	autobus (m)	[autobús]
tram (m)	tramvaj (m)	[tramváj]
filobus (m)	autobus tramvaj (m)	[autobús tramváj]
itinerario (m)	itinerar (m)	[itinɛrár]
numero (m)	numër (m)	[númər]

andare in ...	udhëtoj me ...	[uðətój mɛ ...]
salire (~ sull'autobus)	hip	[hip]
scendere da ...	zbres ...	[zbrɛs ...]

fermata (f) (~ dell'autobus)	stacion (m)	[statsión]
prossima fermata (f)	stacioni tjetër (m)	[statsióni tjétər]
capolinea (m)	terminal (m)	[tɛrminál]
orario (m)	orar (m)	[orár]
aspettare (vt)	pres	[prɛs]

biglietto (m)	biletë (f)	[bilétə]
prezzo (m) del biglietto	çmim bilete (m)	[tʃmím bilétɛ]

cassiere (m)	shitës biletash (m)	[ʃítəs bilétaʃ]
controllo (m) dei biglietti	kontroll biletash (m)	[kontróɫ bilétaʃ]
bigliettaio (m)	kontrollues biletash (m)	[kontroɫúɛs bilétaʃ]

essere in ritardo	vonohem	[vonóhɛm]
perdere (~ il treno)	humbas	[humbás]
avere fretta	nxitoj	[ndzitój]

taxi (m)	taksi (m)	[táksi]
taxista (m)	shofer taksie (m)	[ʃofér taksíɛ]
in taxi	me taksi	[mɛ táksi]
parcheggio (m) di taxi	stacion taksish (m)	[statsión táksiʃ]
chiamare un taxi	thërras taksi	[θərás táksi]
prendere un taxi	marr taksi	[mar táksi]

traffico (m)	trafik (m)	[trafík]
ingorgo (m)	bllokim trafiku (m)	[bɫokím trafíku]
ore (f pl) di punta	orë e trafikut të rëndë (f)	[órə ɛ trafíkut tə rəndə]
parcheggiarsi (vr)	parkoj	[parkój]
parcheggiare (vt)	parkim	[parkím]
parcheggio (m)	parking (m)	[parkíŋ]

metropolitana (f)	metro (f)	[mɛtró]
stazione (f)	stacion (m)	[statsión]
prendere la metropolitana	shkoj me metro	[ʃkoj mɛ métro]
treno (m)	tren (m)	[trɛn]
stazione (f) ferroviaria	stacion treni (m)	[statsión tréni]

78. Visita turistica

monumento (m)	monument (m)	[monumént]
fortezza (f)	kala (f)	[kalá]
palazzo (m)	pallat (m)	[paɫát]
castello (m)	kështjellë (f)	[kəʃtjétə]
torre (f)	kullë (f)	[kútə]
mausoleo (m)	mauzoleum (m)	[mauzolɛúm]

architettura (f)	arkitekturë (f)	[arkitɛktúrə]
medievale (agg)	mesjetare	[mɛsjɛtárɛ]
antico (agg)	e lashtë	[ɛ láʃtə]
nazionale (agg)	kombëtare	[kombətárɛ]
famoso (agg)	i famshëm	[i fámʃəm]

turista (m)	turist (m)	[turíst]
guida (f)	udhërrëfyes (m)	[uðərəfýɛs]

escursione (f)	ekskursion (m)	[ɛkskursión]
fare vedere	tregoj	[trɛgój]
raccontare (vt)	dëftoj	[dəftój]

trovare (vt)	gjej	[ɟéj]
perdersi (vr)	humbas	[humbás]
mappa (f)	hartë (f)	[hártə]
(~ della metropolitana)		
piantina (f) (~ della città)	hartë (f)	[hártə]

souvenir (m)	suvenir (m)	[suvɛnír]
negozio (m) di articoli	dyqan dhuratash (m)	[dycán ðurátaʃ]
da regalo		
fare foto	bëj foto	[bəj fóto]
fotografarsi	bëj fotografi	[bəj fotografí]

79. Acquisti

comprare (vt)	blej	[blɛj]
acquisto (m)	blerje (f)	[blérjɛ]
fare acquisti	shkoj për pazar	[ʃkoj pər pazár]
shopping (m)	pazar (m)	[pazár]

essere aperto (negozio)	hapur	[hápur]
essere chiuso	mbyllur	[mbýɫur]

calzature (f pl)	këpucë (f)	[kəpútsə]
abbigliamento (m)	veshje (f)	[véʃɛ]
cosmetica (f)	kozmetikë (f)	[kozmɛtíkə]
alimentari (m pl)	mallra ushqimore (f)	[máɫra uʃcimórɛ]
regalo (m)	dhuratë (f)	[ðurátə]

commesso (m)	shitës (m)	[ʃítəs]
commessa (f)	shitëse (f)	[ʃítəsɛ]

cassa (f)	arkë (f)	[árkə]
specchio (m)	pasqyrë (f)	[pascýrə]
banco (m)	banak (m)	[bának]
camerino (m)	dhomë prove (f)	[ðómə próvɛ]

provare (~ un vestito)	provoj	[provój]
stare bene (vestito)	më rri mirë	[mə ri mírə]
piacere (vi)	pëlqej	[pəlcéj]

prezzo (m)	çmim (m)	[tʃmím]
etichetta (f) del prezzo	etiketa e çmimit (f)	[ɛtikéta ɛ tʃmímit]
costare (vt)	kushton	[kuʃtón]
Quanto?	Sa?	[sa?]
sconto (m)	ulje (f)	[úljɛ]

no muy caro (agg)	jo e shtrenjtë	[jo ɛ ʃtréɲtə]
a buon mercato	e lirë	[ɛ lírə]
caro (agg)	i shtrenjtë	[i ʃtréɲtə]
È caro	Është e shtrenjtë	[əʃtə ɛ ʃtréɲtə]

noleggio (m)	qiramarrje (f)	[ciramárjɛ]
noleggiare (~ un abito)	marr me qira	[mar mɛ cirá]
credito (m)	kredit (m)	[krɛdít]
a credito	me kredi	[mɛ krɛdí]

80. Denaro

soldi (m pl)	para (f)	[pará]
cambio (m)	këmbim valutor (m)	[kəmbím valutór]
corso (m) di cambio	kurs këmbimi (m)	[kurs kəmbími]
bancomat (m)	bankomat (m)	[bankomát]
moneta (f)	monedhë (f)	[monéðə]

| dollaro (m) | dollar (m) | [doɫár] |
| euro (m) | euro (f) | [éuro] |

lira (f)	lirë (f)	[lírə]
marco (m)	Marka gjermane (f)	[márka ɟɛrmánɛ]
franco (m)	franga (f)	[fráŋa]
sterlina (f)	sterlina angleze (f)	[stɛrlína aŋlézɛ]
yen (m)	jen (m)	[jén]

debito (m)	borxh (m)	[bórdʒ]
debitore (m)	debitor (m)	[dɛbitór]
prestare (~ i soldi)	jap hua	[jap huá]
prendere in prestito	marr hua	[mar huá]

banca (f)	bankë (f)	[bánkə]
conto (m)	llogari (f)	[ɫogarí]
versare (vt)	depozitoj	[dɛpozitój]
versare sul conto	depozitoj në llogari	[dɛpozitój nə ɫogarí]
prelevare dal conto	tërheq	[tərhéc]

carta (f) di credito	kartë krediti (f)	[kártə krɛdíti]
contanti (m pl)	kesh (m)	[kɛʃ]
assegno (m)	çek (m)	[tʃɛk]
emettere un assegno	lëshoj një çek	[ləʃój ɲə tʃék]
libretto (m) di assegni	bllok çeqesh (m)	[bɫók tʃécɛʃ]

portafoglio (m)	portofol (m)	[portofól]
borsellino (m)	kuletë (f)	[kulétə]
cassaforte (f)	kasafortë (f)	[kasafórtə]

erede (m)	trashëgimtar (m)	[traʃəgimtár]
eredità (f)	trashëgimi (f)	[traʃəgimí]
fortuna (f)	pasuri (f)	[pasurí]

affitto (m), locazione (f)	qira (f)	[cirá]
canone (m) d'affitto	qiraja (f)	[cirája]
affittare (dare in affitto)	marr me qira	[mar mɛ cirá]

prezzo (m)	çmim (m)	[tʃmím]
costo (m)	kosto (f)	[kósto]
somma (f)	shumë (f)	[ʃúmə]

spendere (vt)	shpenzoj	[ʃpɛnzój]
spese (f pl)	shpenzime (f)	[ʃpɛnzímɛ]
economizzare (vi, vt)	kursej	[kurséj]
economico (agg)	ekonomik	[ɛkonomík]

pagare (vi, vt)	paguaj	[pagúaj]
pagamento (m)	pagesë (f)	[pagésə]
resto (m) (dare il ~)	kusur (m)	[kusúr]

imposta (f)	taksë (f)	[táksə]
multa (f), ammenda (f)	gjobë (f)	[ɟóbə]
multare (vt)	vendos gjobë	[vɛndós ɟóbə]

81. Posta. Servizio postale

ufficio (m) postale	zyrë postare (f)	[zýrə postárɛ]
posta (f) (lettere, ecc.)	postë (f)	[póstə]
postino (m)	postier (m)	[postiér]
orario (m) di apertura	orari i punës (m)	[orári i púnəs]

lettera (f)	letër (f)	[létər]
raccomandata (f)	letër rekomande (f)	[létər rɛkomándɛ]
cartolina (f)	kartolinë (f)	[kartolínə]
telegramma (m)	telegram (m)	[tɛlɛgrám]
pacco (m) postale	pako (f)	[páko]
vaglia (m) postale	transfer parash (m)	[transfér paráʃ]

ricevere (vt)	pranoj	[pranój]
spedire (vt)	dërgoj	[dərgój]
invio (m)	dërgesë (f)	[dərgésə]

indirizzo (m)	adresë (f)	[adrésə]
codice (m) postale	kodi postar (m)	[kódi postár]
mittente (m)	dërguesi (m)	[dərgúɛsi]
destinatario (m)	pranues (m)	[pranúɛs]

| nome (m) | emër (m) | [émər] |
| cognome (m) | mbiemër (m) | [mbiémər] |

tariffa (f)	tarifë postare (f)	[tarífə postárɛ]
ordinario (agg)	standard	[standárd]
standard (agg)	ekonomike	[ɛkonomíkɛ]

peso (m)	peshë (f)	[péʃə]
pesare (vt)	peshoj	[pɛʃój]
busta (f)	zarf (m)	[zarf]
francobollo (m)	pullë postare (f)	[púɬə postárɛ]
affrancare (vt)	vendos pullën postare	[vɛndós púɬən postárɛ]

Abitazione. Casa

82. Casa. Abitazione

casa (f)	shtëpi (f)	[ʃtəpí]
a casa	në shtëpi	[nə ʃtəpí]
cortile (m)	oborr (m)	[obór]
recinto (m)	gardh (m)	[garð]
mattone (m)	tullë (f)	[túɫə]
di mattoni	me tulla	[mɛ túɫa]
pietra (f)	gur (m)	[gur]
di pietra	guror	[gurór]
beton (m)	çimento (f)	[tʃiménto]
di beton	prej çimentoje	[prɛj tʃiméntojɛ]
nuovo (agg)	i ri	[i rí]
vecchio (agg)	i vjetër	[i vjétər]
fatiscente (edificio ~)	e vjetruar	[ɛ vjɛtrúar]
moderno (agg)	moderne	[modérnɛ]
a molti piani	shumëkatëshe	[ʃuməkátəʃɛ]
alto (agg)	e lartë	[ɛ lártə]
piano (m)	kat (m)	[kat]
di un piano	njëkatëshe	[ɲəkátəʃɛ]
pianoterra (m)	përdhese (f)	[pərðésɛ]
ultimo piano (m)	kati i fundit (m)	[káti i fúndit]
tetto (m)	çati (f)	[tʃatí]
ciminiera (f)	oxhak (m)	[odʒák]
tegola (f)	tjegulla (f)	[tjéguɫa]
di tegole	me tjegulla	[mɛ tjéguɫa]
soffitta (f)	papafingo (f)	[papafíɲo]
finestra (f)	dritare (f)	[dritárɛ]
vetro (m)	xham (m)	[dʒam]
davanzale (m)	prag dritareje (m)	[prag dritárɛjɛ]
imposte (f pl)	grila (f)	[gríla]
muro (m)	mur (m)	[mur]
balcone (m)	ballkon (m)	[baɫkón]
tubo (m) pluviale	ulluk (m)	[uɫúk]
su, di sopra	lart	[lart]
andare di sopra	ngjitem lart	[ɲjitém lárt]
scendere (vi)	zbres	[zbrɛs]
trasferirsi (vr)	lëviz	[ləvíz]

83. Casa. Ingresso. Ascensore

entrata (f)	hyrje (f)	[hýrjɛ]
scala (f)	shkallë (f)	[ʃkátə]
gradini (m pl)	shkallë (f)	[ʃkátə]
ringhiera (f)	parmak (m)	[parmák]
hall (f) (atrio d'ingresso)	holl (m)	[hoł]

cassetta (f) della posta	kuti postare (f)	[kutí postárɛ]
secchio (m) della spazzatura	kazan mbeturinash (m)	[kazán mbɛturínaʃ]
scivolo (m) per la spazzatura	ashensor mbeturinash (m)	[aʃɛnsór mbɛturínaʃ]

ascensore (m)	ashensor (m)	[aʃɛnsór]
montacarichi (m)	ashensor mallrash (m)	[aʃɛnsór máłraʃ]
cabina (f) di ascensore	kabinë ashensori (f)	[kabínə aʃɛnsóri]
prendere l'ascensore	marr ashensorin	[mar aʃɛnsórin]

appartamento (m)	apartament (m)	[apartamént]
inquilini (m pl)	banorë (pl)	[banórə]
vicino (m)	komshi (m)	[komʃí]
vicina (f)	komshike (f)	[komʃíkɛ]
vicini (m pl)	komshinj (pl)	[komʃíɲ]

84. Casa. Porte. Serrature

porta (f)	derë (f)	[dérə]
cancello (m)	portik (m)	[portík]
maniglia (f)	dorezë (f)	[dorézə]
togliere il catenaccio	zhbllokoj	[ʒbłokój]
aprire (vt)	hap	[hap]
chiudere (vt)	mbyll	[mbył]

chiave (f)	çelës (m)	[tʃéləs]
mazzo (m)	tufë çelësash (f)	[túfə tʃéləsaʃ]

cigolare (vi)	kërcet	[kərtsét]
cigolio (m)	kërcitje (f)	[kərtsítjɛ]
cardine (m)	menteshë (f)	[mɛntéʃə]
zerbino (m)	tapet hyrës (m)	[tapét hýrəs]

serratura (f)	kyç (m)	[kytʃ]
buco (m) della serratura	vrimë e çelësit (f)	[vrímə ɛ tʃéləsit]
chiavistello (m)	shul (m)	[ʃul]
catenaccio (m)	shul (m)	[ʃul]
lucchetto (m)	dry (m)	[dry]

suonare (~ il campanello)	i bie ziles	[i bíɛ zíłɛs]
suono (m)	tingulli i ziles (m)	[tíɲułi i zíłɛs]
campanello (m)	zile (f)	[zíłɛ]
pulsante (m)	çelësi i ziles (m)	[tʃélisi i zíłɛs]

bussata (f)	trokitje (f)	[trokítjɛ]
bussare (vi)	trokas	[trokás]

codice (m)	kod (m)	[kod]
serratura (f) a codice	kod (m)	[kod]
citofono (m)	interkom (m)	[intɛrkóm]
numero (m) (~ civico)	numër (m)	[númər]
targhetta (f) di porta	pllakë e emrit (f)	[płákə ɛ émrit]
spioncino (m)	vrimë përgjimi (f)	[vrímə pərɉími]

85. Casa di campagna

villaggio (m)	fshat (m)	[fʃát]
orto (m)	kopsht zarzavatesh (m)	[kópʃt zarzavátɛʃ]
recinto (m)	gardh (m)	[garð]
steccato (m)	gardh kunjash	[garð kúɲaʃ]
cancelletto (m)	portik (m)	[portík]

granaio (m)	hambar (m)	[hambár]
cantina (f), scantinato (m)	qilar (m)	[cilár]
capanno (m)	kasolle (f)	[kasółɛ]
pozzo (m)	pus (m)	[pus]

stufa (f)	sobë (f)	[sóbə]
attizzare (vt)	mbush sobën	[mbúʃ sóbən]
legna (f) da ardere	dru për zjarr (m)	[dru pər zjár]
ciocco (m)	dru (m)	[dru]

veranda (f)	verandë (f)	[vɛrándə]
terrazza (f)	ballkon (m)	[bałkón]
scala (f) d'ingresso	prag i derës (m)	[prag i dérəs]
altalena (f)	kolovajzë (f)	[kolovájzə]

86. Castello. Reggia

castello (m)	kështjellë (f)	[kəʃtjéłə]
palazzo (m)	pallat (m)	[pałát]
fortezza (f)	kala (f)	[kalá]

muro (m)	mur rrethues (m)	[mur rɛθúɛs]
torre (f)	kullë (f)	[kúłə]
torre (f) principale	kulla e parë (f)	[kúła ɛ párə]

saracinesca (f)	portë me hekura (f)	[pórtə mɛ hékura]
tunnel (m)	nënkalim (m)	[nənkalím]
fossato (m)	kanal (m)	[kanál]

catena (f)	zinxhir (m)	[zindʒír]
feritoia (f)	frëngji (f)	[frənɉí]

magnifico (agg)	e mrekullueshme	[ɛ mrɛkułúɛʃmɛ]
maestoso (agg)	madhështore	[maðəʃtórɛ]

inespugnabile (agg)	e padepërtueshme	[ɛ padɛpərtúɛʃmɛ]
medievale (agg)	mesjetare	[mɛsjɛtárɛ]

87. Appartamento

appartamento (m)	apartament (m)	[apartamént]
camera (f), stanza (f)	dhomë (f)	[ðómə]
camera (f) da letto	dhomë gjumi (f)	[ðómə ɟúmi]
sala (f) da pranzo	dhomë ngrënie (f)	[ðómə ŋrəníɛ]
salotto (m)	dhomë ndeje (f)	[ðómə ndéjɛ]
studio (m)	dhomë pune (f)	[ðómə púnɛ]

ingresso (m)	hyrje (f)	[hýrjɛ]
bagno (m)	banjo (f)	[báɲo]
gabinetto (m)	tualet (m)	[tualét]

soffitto (m)	tavan (m)	[taván]
pavimento (m)	dysheme (f)	[dyʃɛmé]
angolo (m)	qoshe (f)	[cóʃɛ]

88. Appartamento. Pulizie

| pulire (vt) | pastroj | [pastrój] |
| mettere via | vendos | [vɛndós] |

polvere (f)	pluhur (m)	[plúhur]
impolverato (agg)	e pluhurosur	[ɛ pluhurósur]
spolverare (vt)	marr pluhurat	[mar plúhurat]
aspirapolvere (m)	fshesë elektrike (f)	[fʃésə ɛlɛktríkɛ]
passare l'aspirapolvere	thith pluhurin	[θiθ plúhurin]

spazzare (vi, vt)	fshij	[fʃíj]
spazzatura (f)	plehra (f)	[pléhra]
ordine (m)	rregull (m)	[réguɫ]
disordine (m)	rrëmujë (f)	[rəmújə]

frettazzo (m)	shtupë (f)	[ʃtúpə]
strofinaccio (m)	leckë (f)	[létskə]
scopa (f)	fshesë (f)	[fʃésə]
paletta (f)	kaci (f)	[katsí]

89. Arredamento. Interno

mobili (m pl)	orendi (f)	[orɛndí]
tavolo (m)	tryezë (f)	[tryézə]
sedia (f)	karrige (f)	[karígɛ]
letto (m)	shtrat (m)	[ʃtrat]
divano (m)	divan (m)	[diván]
poltrona (f)	kolltuk (m)	[koɫtúk]

libreria (f)	raft librash (m)	[ráft líbraʃ]
ripiano (m)	sergjen (m)	[sɛrɟén]
armadio (m)	gardërobë (f)	[gardəróbə]
attaccapanni (m) da parete	varëse (f)	[várəsɛ]

appendiabiti (m) da terra	varëse xhaketash (f)	[várəsɛ dʒakétaʃ]
comò (m)	komodë (f)	[komódə]
tavolino (m) da salotto	tryezë e ulët (f)	[tryézə ɛ úlət]

specchio (m)	pasqyrë (f)	[pascýrə]
tappeto (m)	qilim (m)	[cilím]
tappetino (m)	tapet (m)	[tapét]

camino (m)	oxhak (m)	[odʒák]
candela (f)	qiri (m)	[círi]
candeliere (m)	shandan (m)	[ʃandán]

tende (f pl)	perde (f)	[pérdɛ]
carta (f) da parati	tapiceri (f)	[tapitsɛrí]
tende (f pl) alla veneziana	grila (f)	[gríla]

lampada (f) da tavolo	llambë tavoline (f)	[ɫámbə tavolínɛ]
lampada (f) da parete	llambadar muri (m)	[ɫambadár múri]
lampada (f) a stelo	llambadar (m)	[ɫambadár]
lampadario (m)	llambadar (m)	[ɫambadár]

gamba (f)	këmbë (f)	[kémbə]
bracciolo (m)	mbështetëse krahu (f)	[mbəʃtétəsɛ kráhu]
spalliera (f)	mbështetëse (f)	[mbəʃtétəsɛ]
cassetto (m)	sirtar (m)	[sirtár]

90. Biancheria da letto

biancheria (f) da letto	çarçafë (pl)	[tʃartʃáfə]
cuscino (m)	jastëk (m)	[jasték]
federa (f)	këllëf jastëku (m)	[kəɫəf jastéku]
coperta (f)	jorgan (m)	[jorgán]
lenzuolo (m)	çarçaf (m)	[tʃartʃáf]
copriletto (m)	mbulesë (f)	[mbulésə]

91. Cucina

cucina (f)	kuzhinë (f)	[kuʒínə]
gas (m)	gaz (m)	[gaz]
fornello (m) a gas	sobë me gaz (f)	[sóbə mɛ gaz]
fornello (m) elettrico	sobë elektrike (f)	[sóbə ɛlɛktríkɛ]
forno (m)	furrë (f)	[fúrə]
forno (m) a microonde	mikrovalë (f)	[mikroválə]

frigorifero (m)	frigorifer (m)	[frigorifér]
congelatore (m)	frigorifer (m)	[frigorifér]
lavastoviglie (f)	pjatalarëse (f)	[pjatalárəsɛ]

tritacarne (m)	grirëse mishi (f)	[grírəsɛ míʃi]
spremifrutta (m)	shtrydhëse frutash (f)	[ʃtrýðəsɛ frútaʃ]
tostapane (m)	toster (m)	[tostér]
mixer (m)	mikser (m)	[miksér]

macchina (f) da caffè	makinë kafeje (f)	[makínə kaféjɛ]
caffettiera (f)	kafetierë (f)	[kafɛtiérə]
macinacaffè (m)	mulli kafeje (f)	[muɫí káfɛjɛ]

bollitore (m)	çajnik (m)	[tʃajník]
teiera (f)	çajnik (m)	[tʃajník]
coperchio (m)	kapak (m)	[kapák]
colino (m) da tè	sitë çaji (f)	[sítə tʃáji]

cucchiaio (m)	lugë (f)	[lúgə]
cucchiaino (m) da tè	lugë çaji (f)	[lúgə tʃáji]
cucchiaio (m)	lugë gjelle (f)	[lúgə ɟétɛ]
forchetta (f)	pirun (m)	[pirún]
coltello (m)	thikë (f)	[θíkə]

stoviglie (f pl)	enë kuzhine (f)	[énə kuʒínɛ]
piatto (m)	pjatë (f)	[pjátə]
piattino (m)	pjatë filxhani (f)	[pjátə fildʒáni]

cicchetto (m)	potir (m)	[potír]
bicchiere (m) (~ d'acqua)	gotë (f)	[gótə]
tazzina (f)	filxhan (m)	[fildʒán]

zuccheriera (f)	tas për sheqer (m)	[tas pər ʃɛcér]
saliera (f)	kripore (f)	[kripórɛ]
pepiera (f)	enë piperi (f)	[énə pipéri]
burriera (f)	pjatë gjalpi (f)	[pjátə ɟálpi]

pentola (f)	tenxhere (f)	[tɛndʒérɛ]
padella (f)	tigan (m)	[tigán]
mestolo (m)	garuzhdë (f)	[garúʒdə]
colapasta (m)	kullesë (f)	[kuɫésə]
vassoio (m)	tabaka (f)	[tabaká]

bottiglia (f)	shishe (f)	[ʃíʃɛ]
barattolo (m) di vetro	kavanoz (m)	[kavanóz]
latta, lattina (f)	kanoçe (f)	[kanótʃɛ]

apribottiglie (m)	hapëse shishesh (f)	[hapəsé ʃíʃɛʃ]
apriscatole (m)	hapëse kanoçesh (f)	[hapəsé kanótʃɛʃ]
cavatappi (m)	turjelë tapash (f)	[turjélə tápaʃ]
filtro (m)	filtër (m)	[fíltər]
filtrare (vt)	filtroj	[filtrój]

| spazzatura (f) | pleh (m) | [plɛh] |
| pattumiera (f) | kosh plehrash (m) | [koʃ pléhraʃ] |

92. Bagno

bagno (m)	banjo (f)	[báɲo]
acqua (f)	ujë (m)	[újə]
rubinetto (m)	rubinet (m)	[rubinét]
acqua (f) calda	ujë i nxehtë (f)	[újə i ndzéhtə]
acqua (f) fredda	ujë i ftohtë (f)	[újə i ftóhtə]

dentifricio (m)	pastë dhëmbësh (f)	[pástə ðə́mbəʃ]
lavarsi i denti	laj dhëmbët	[laj ðə́mbət]
spazzolino (m) da denti	furçë dhëmbësh (f)	[fúrtʃə ðə́mbəʃ]

rasarsi (vr)	rruhem	[rúhɛm]
schiuma (f) da barba	shkumë rroje (f)	[ʃkumə rójɛ]
rasoio (m)	brisk (m)	[brísk]

lavare (vt)	laj duart	[laj dúart]
fare un bagno	lahem	[láhɛm]
doccia (f)	dush (m)	[duʃ]
fare una doccia	bëj dush	[bəj dúʃ]

vasca (f) da bagno	vaskë (f)	[váskə]
water (m)	tualet (m)	[tualét]
lavandino (m)	lavaman (m)	[lavamán]

| sapone (m) | sapun (m) | [sapún] |
| porta (m) sapone | pjatë sapuni (f) | [pjátə sapúni] |

spugna (f)	sfungjer (m)	[sfunɟér]
shampoo (m)	shampo (f)	[ʃampó]
asciugamano (m)	peshqir (m)	[pɛʃcír]
accappatoio (m)	peshqir trupi (m)	[pɛʃcír trúpi]

bucato (m)	larje (f)	[lárjɛ]
lavatrice (f)	makinë larëse (f)	[makínə lárəsɛ]
fare il bucato	laj rroba	[laj róba]
detersivo (m) per il bucato	detergjent (m)	[dɛtɛrɟént]

93. Elettrodomestici

televisore (m)	televizor (m)	[tɛlɛvizór]
registratore (m) a nastro	inçizues me shirit (m)	[intʃizúɛs mɛ ʃirít]
videoregistratore (m)	video regjistrues (m)	[vídɛo rɛɟistrúɛs]
radio (f)	radio (f)	[rádio]
lettore (m)	kasetofon (m)	[kasɛtofón]

videoproiettore (m)	projektor (m)	[projɛktór]
home cinema (m)	kinema shtëpie (f)	[kinɛmá ʃtəpíɛ]
lettore (m) DVD	DVD player (m)	[dividí plɛjər]
amplificatore (m)	amplifikator (m)	[amplifikatór]
console (f) video giochi	konsol video loje (m)	[konsól vídɛo lójɛ]

videocamera (f)	videokamerë (f)	[vidɛokamérə]
macchina (f) fotografica	aparat fotografik (m)	[aparát fotografík]
fotocamera (f) digitale	kamerë digjitale (f)	[kamérə diɟitálɛ]

aspirapolvere (m)	fshesë elektrike (f)	[fʃésə ɛlɛktríkɛ]
ferro (m) da stiro	hekur (m)	[hékur]
asse (f) da stiro	tryezë për hekurosje (f)	[tryézə pər hɛkurósjɛ]

| telefono (m) | telefon (m) | [tɛlɛfón] |
| telefonino (m) | celular (m) | [tsɛlulár] |

macchina (f) da scrivere	makinë shkrimi (f)	[makínə ʃkrími]
macchina (f) da cucire	makinë qepëse (f)	[makínə cépəsɛ]

microfono (m)	mikrofon (m)	[mikrofón]
cuffia (f)	kufje (f)	[kúfjɛ]
telecomando (m)	telekomandë (f)	[tɛlɛkomándə]

CD (m)	CD (f)	[tsɛdé]
cassetta (f)	kasetë (f)	[kasétə]
disco (m) (vinile)	pllakë gramafoni (f)	[płákə gramafóni]

94. Riparazioni. Restauro

lavori (m pl) di restauro	renovim (m)	[rɛnovím]
rinnovare (ridecorare)	rinovoj	[rinovój]
riparare (vt)	riparoj	[riparój]
mettere in ordine	rregulloj	[rɛgułój]
rifare (vt)	ribëj	[ribéj]

pittura (f)	bojë (f)	[bójə]
pitturare (~ un muro)	lyej	[lýɛj]
imbianchino (m)	bojaxhi (m)	[bojadʒí]
pennello (m)	furçë (f)	[fúrtʃə]

imbiancatura (f)	gëlqere (f)	[gəlcérɛ]
imbiancare (vt)	lyej me gëlqere	[lýɛj mɛ gəlcérɛ]

carta (f) da parati	tapiceri (f)	[tapitsɛrí]
tappezzare (vt)	vendos tapiceri	[vɛndós tapitsɛrí]
vernice (f)	llak (m)	[łak]
verniciare (vt)	lustroj	[lustrój]

95. Impianto idraulico

acqua (f)	ujë (m)	[újə]
acqua (f) calda	ujë i nxehtë (f)	[újə i ndzéhtə]
acqua (f) fredda	ujë i ftohtë (f)	[újə i ftóhtə]
rubinetto (m)	rubinet (m)	[rubinét]

goccia (f)	pikë uji (f)	[píkə úji]
gocciolare (vi)	pikon	[pikón]
perdere (il tubo, ecc.)	rrjedh	[rjéð]
perdita (f) (~ dai tubi)	rrjedhje (f)	[rjéðjɛ]
pozza (f)	pellg (m)	[pɛłg]

tubo (m)	gyp (m)	[gyp]
valvola (f)	valvulë (f)	[valvúlə]
intasarsi (vr)	bllokohet	[błokóhɛt]

strumenti (m pl)	vegla (pl)	[végla]
chiave (f) inglese	çelës anglez (m)	[tʃéləs aŋléz]
svitare (vt)	zhvidhos	[ʒviðós]

avvitare (stringere)	vidhos	[viðós]
stasare (vt)	zhbllokoj	[ʒbɫokój]
idraulico (m)	hidraulik (m)	[hidraulík]
seminterrato (m)	qilar (m)	[cilár]
fognatura (f)	kanalizim (m)	[kanalizím]

96. Incendio. Conflagrazione

fuoco (m)	zjarr (m)	[zjar]
fiamma (f)	flakë (f)	[flákə]
scintilla (f)	shkëndijë (f)	[ʃkəndíjə]
fumo (m)	tym (m)	[tym]
fiaccola (f)	pishtar (m)	[piʃtár]
falò (m)	zjarr kampingu (m)	[zjar kampíŋu]

benzina (f)	benzinë (f)	[bɛnzínə]
cherosene (m)	vajgur (m)	[vajgúr]
combustibile (agg)	djegëse	[djégəsɛ]
esplosivo (agg)	shpërthyese	[ʃpərθýɛsɛ]
VIETATO FUMARE!	NDALOHET DUHANI	[ndalóhɛt duháni]

sicurezza (f)	siguri (f)	[sigurí]
pericolo (m)	rrezik (m)	[rɛzík]
pericoloso (agg)	i rrezikshëm	[i rɛzíkʃəm]

prendere fuoco	merr flakë	[mɛr flákə]
esplosione (f)	shpërthim (m)	[ʃpərθím]
incendiare (vt)	vë flakën	[və flákən]
incendiario (m)	zjarrvënës (m)	[zjarvénəs]
incendio (m) doloso	zjarrvënie e qëllimshme (f)	[zjarvéniɛ ɛ cəɫímʃmɛ]

divampare (vi)	flakëron	[flakərón]
bruciare (vi)	digjet	[díɟɛt]
bruciarsi (vr)	u dogj	[u doɟ]

chiamare i pompieri	telefonoj zjarrfikësit	[tɛlɛfonój zjarfíkəsit]
pompiere (m)	zjarrfikës (m)	[zjarfíkəs]
autopompa (f)	kamion zjarrfikës (m)	[kamión zjarfíkəs]
corpo (m) dei pompieri	zjarrfikës (m)	[zjarfíkəs]
autoscala (f) da pompieri	shkallë e zjarrfikëses (f)	[ʃkáɫə ɛ zjarfíkəsɛs]

manichetta (f)	pompë e ujit (f)	[pómpə ɛ újit]
estintore (m)	bombolë kundër zjarrit (f)	[bombólə kúndər zjárit]
casco (m)	helmetë (f)	[hɛlmétə]
sirena (f)	alarm (m)	[alárm]

gridare (vi)	bërtas	[bərtás]
chiamare in aiuto	thërras për ndihmë	[θərás pər ndíhmə]
soccorritore (m)	shpëtimtar (m)	[ʃpətimtár]
salvare (vt)	shpëtoj	[ʃpətój]

arrivare (vi)	arrij	[aríj]
spegnere (vt)	shuaj	[ʃúaj]
acqua (f)	ujë (m)	[újə]

sabbia (f)	rërë (f)	[rérə]
rovine (f pl)	gërmadhë (f)	[gərmáðə]
crollare (edificio)	shembet	[ʃémbɛt]
cadere (vi)	rrëzohem	[rəzóhɛm]
collassare (vi)	shembet	[ʃémbɛt]

| frammento (m) | mbetje (f) | [mbétjɛ] |
| cenere (f) | hi (m) | [hi] |

| asfissiare (vi) | asfiksim | [asfiksím] |
| morire, perire (vi) | vdes | [vdɛs] |

ATTIVITÀ UMANA

Lavoro. Affari. Parte 1

97. Attività bancaria

banca (f)	bankë (f)	[bánkə]
filiale (f)	degë (f)	[dégə]
consulente (m)	punonjës banke (m)	[punóɲəs bánkɛ]
direttore (m)	drejtor (m)	[drɛjtór]
conto (m) bancario	llogari bankare (f)	[ɫogarí bankárɛ]
numero (m) del conto	numër llogarie (m)	[númər ɫogaríɛ]
conto (m) corrente	llogari rrjedhëse (f)	[ɫogarí rjéðəsɛ]
conto (m) di risparmio	llogari kursimesh (f)	[ɫogarí kursímɛʃ]
aprire un conto	hap një llogari	[hap ɲə ɫogarí]
chiudere il conto	mbyll një llogari	[mbýɫ ɲə ɫogarí]
versare sul conto	depozitoj në llogari	[dɛpozitój nə ɫogarí]
prelevare dal conto	tërheq	[tərhéc]
deposito (m)	depozitë (f)	[dɛpozítə]
depositare (vt)	kryej një depozitim	[krýɛj ɲə dɛpozitím]
trasferimento (m) telegrafico	transfer bankar (m)	[transfér bankár]
rimettere i soldi	transferoj para	[transfɛrój pará]
somma (f)	shumë (f)	[ʃúmə]
Quanto?	Sa?	[sa?]
firma (f)	nënshkrim (m)	[nənʃkrím]
firmare (vt)	nënshkruaj	[nənʃkrúaj]
carta (f) di credito	kartë krediti (f)	[kártə krɛdíti]
codice (m)	kodi PIN (m)	[kódi pin]
numero (m) della carta di credito	numri i kartës së kreditit (m)	[númri i kártəs sə krɛdítit]
bancomat (m)	bankomat (m)	[bankomát]
assegno (m)	çek (m)	[tʃɛk]
emettere un assegno	lëshoj një çek	[ləʃój ɲə tʃék]
libretto (m) di assegni	bllok çeqesh (m)	[bɫók tʃécɛʃ]
prestito (m)	kredi (f)	[krɛdí]
fare domanda per un prestito	aplikoj për kredi	[aplikój pər krɛdí]
ottenere un prestito	marr kredi	[mar krɛdí]
concedere un prestito	jap kredi	[jap krɛdí]
garanzia (f)	garanci (f)	[garantsí]

98. Telefono. Conversazione telefonica

telefono (m)	telefon (m)	[tɛlɛfón]
telefonino (m)	celular (m)	[tsɛlulár]
segreteria (f) telefonica	sekretari telefonike (f)	[sɛkrɛtarí tɛlɛfoníkɛ]
telefonare (vi, vt)	telefonoj	[tɛlɛfonój]
chiamata (f)	telefonatë (f)	[tɛlɛfonátə]
comporre un numero	i bie numrit	[i bíɛ númrit]
Pronto!	Përshëndetje!	[pərʃəndétjɛ!]
chiedere (domandare)	pyes	[pýɛs]
rispondere (vi, vt)	përgjigjem	[pərɟíɟɛm]
udire (vt)	dëgjoj	[dəɟój]
bene	mirë	[mírə]
male	jo mirë	[jo mírə]
disturbi (m pl)	zhurmë (f)	[ʒúrmə]
cornetta (f)	marrës (m)	[márəs]
alzare la cornetta	ngre telefonin	[ŋré tɛlɛfónin]
riattaccare la cornetta	mbyll telefonin	[mbýł tɛlɛfónin]
occupato (agg)	i zënë	[i zə́nə]
squillare (del telefono)	bie zilja	[bíɛ zílja]
elenco (m) telefonico	numerator telefonik (m)	[numɛratór tɛlɛfoník]
locale (agg)	lokale	[lokálɛ]
telefonata (f) urbana	thirrje lokale (f)	[θírjɛ lokálɛ]
interurbano (agg)	distancë e largët	[distántsə ɛ lárgət]
telefonata (f) interurbana	thirrje në distancë (f)	[θírjɛ nə distántsə]
internazionale (agg)	ndërkombëtar	[ndərkombətár]
telefonata (f) internazionale	thirrje ndërkombëtare (f)	[θírjɛ ndərkombətárɛ]

99. Telefono cellulare

telefonino (m)	celular (m)	[tsɛlulár]
schermo (m)	ekran (m)	[ɛkrán]
tasto (m)	buton (m)	[butón]
scheda SIM (f)	karta SIM (m)	[kárta sim]
pila (f)	bateri (f)	[batɛrí]
essere scarico	e shkarkuar	[ɛ ʃkarkúar]
caricabatteria (m)	karikues (m)	[karikúɛs]
menù (m)	menu (f)	[mɛnú]
impostazioni (f pl)	parametra (f)	[paramétra]
melodia (f)	melodi (f)	[mɛlodí]
scegliere (vt)	përzgjedh	[pərzɟéð]
calcolatrice (f)	makinë llogaritëse (f)	[makínə łogarítəsɛ]
segreteria (f) telefonica	postë zanore (f)	[póstə zanórɛ]
sveglia (f)	alarm (m)	[alárm]

contatti (m pl)	kontakte (pl)	[kontáktɛ]
messaggio (m) SMS	SMS (m)	[ɛsɛmɛs]
abbonato (m)	abonent (m)	[abonént]

100. Articoli di cancelleria

| penna (f) a sfera | stilolaps (m) | [stiloláps] |
| penna (f) stilografica | stilograf (m) | [stilográf] |

matita (f)	laps (m)	[láps]
evidenziatore (m)	shënjues (m)	[ʃəɲúɛs]
pennarello (m)	tushë me bojë (f)	[túʃə mɛ bójə]

| taccuino (m) | bllok shënimesh (m) | [błók ʃənímɛʃ] |
| agenda (f) | agjendë (f) | [aɉéndə] |

righello (m)	vizore (f)	[vizórɛ]
calcolatrice (f)	makinë llogaritëse (f)	[makínə łogarítəsɛ]
gomma (f) per cancellare	gomë (f)	[gómə]
puntina (f)	pineskë (f)	[pinéskə]
graffetta (f)	kapëse fletësh (f)	[kápəsɛ flétəʃ]

colla (f)	ngjitës (m)	[nɉítəs]
pinzatrice (f)	ngjitës metalik (m)	[nɉítəs mɛtalík]
perforatrice (f)	hapës vrimash (m)	[hápəs vrímaʃ]
temperamatite (m)	mprehëse lapsash (m)	[mpréhəsɛ lápsaʃ]

Lavoro. Affari. Parte 2

101. Mezzi di comunicazione di massa

giornale (m)	gazetë (f)	[gazétə]
rivista (f)	revistë (f)	[rɛvístə]
stampa (f) (giornali, ecc.)	shtyp (m)	[ʃtyp]
radio (f)	radio (f)	[rádio]
stazione (f) radio	radio stacion (m)	[rádio statsión]
televisione (f)	televizor (m)	[tɛlɛvizór]

presentatore (m)	prezantues (m)	[prɛzantúɛs]
annunciatore (m)	prezantues lajmesh (m)	[prɛzantúɛs lájmɛʃ]
commentatore (m)	komentues (m)	[komɛntúɛs]

giornalista (m)	gazetar (m)	[gazɛtár]
corrispondente (m)	reporter (m)	[rɛportér]
fotocronista (m)	fotograf gazetar (m)	[fotográf gazɛtár]
cronista (m)	reporter (m)	[rɛportér]

| redattore (m) | redaktor (m) | [rɛdaktór] |
| redattore capo (m) | kryeredaktor (m) | [kryɛrɛdaktór] |

abbonarsi a ...	abonohem	[abonóhɛm]
abbonamento (m)	abonim (m)	[aboním]
abbonato (m)	abonent (m)	[abonént]
leggere (vi, vt)	lexoj	[lɛdzój]
lettore (m)	lexues (m)	[lɛdzúɛs]

tiratura (f)	qarkullim (m)	[carkuɫím]
mensile (agg)	mujore	[mujórɛ]
settimanale (agg)	javor	[javór]
numero (m)	edicion (m)	[ɛditsión]
fresco (agg)	i ri	[i rí]

testata (f)	kryeradhë (f)	[kryɛráðə]
trafiletto (m)	artikull i shkurtër (m)	[artíkuɫ i ʃkúrtər]
rubrica (f)	rubrikë (f)	[rubríkə]
articolo (m)	artikull (m)	[artíkuɫ]
pagina (f)	faqe (f)	[fácɛ]

servizio (m), reportage (m)	reportazh (m)	[rɛportáʒ]
evento (m)	ceremoni (f)	[tsɛrɛmoní]
sensazione (f)	ndjesi (f)	[ndjɛsí]
scandalo (m)	skandal (m)	[skandál]
scandaloso (agg)	skandaloz	[skandalóz]
enorme (un ~ scandalo)	i madh	[i máð]

| trasmissione (f) | emision (m) | [ɛmisión] |
| intervista (f) | intervistë (f) | [intɛrvístə] |

| trasmissione (f) in diretta | lidhje direkte (f) | [líðjɛ diréktɛ] |
| canale (m) | kanal (m) | [kanál] |

102. Agricoltura

agricoltura (f)	agrikulturë (f)	[agrikultúrə]
contadino (m)	fshatar (m)	[fʃatár]
contadina (f)	fshatare (f)	[fʃatárɛ]
fattore (m)	fermer (m)	[fɛrmér]

| trattore (m) | traktor (m) | [traktór] |
| mietitrebbia (f) | autokombajnë (f) | [autokombájnə] |

aratro (m)	plug (m)	[plug]
arare (vt)	lëroj	[lərój]
terreno (m) coltivato	tokë bujqësore (f)	[tókə bujcəsórɛ]
solco (m)	brazdë (f)	[brázdə]

seminare (vt)	mbjell	[mbjéɫ]
seminatrice (f)	mbjellës (m)	[mbjéɫəs]
semina (f)	mbjellje (f)	[mbjéɫjɛ]

| falce (f) | kosë (f) | [kósə] |
| falciare (vt) | kosit | [kosít] |

| pala (f) | lopatë (f) | [lopátə] |
| scavare (vt) | lëroj | [lərój] |

zappa (f)	shat (m)	[ʃat]
zappare (vt)	prashis	[praʃís]
erbaccia (f)	bar i keq (m)	[bar i kɛc]

innaffiatoio (m)	vaditës (m)	[vadítəs]
innaffiare (vt)	ujis	[ujís]
innaffiamento (m)	vaditje (f)	[vadítjɛ]

| forca (f) | sfurk (m) | [sfúrk] |
| rastrello (m) | grabujë (f) | [grabújə] |

concime (m)	pleh (m)	[plɛh]
concimare (vt)	hedh pleh	[hɛð pléh]
letame (m)	pleh kafshësh (m)	[plɛh káfʃəʃ]

campo (m)	fushë (f)	[fúʃə]
prato (m)	lëndinë (f)	[ləndínə]
orto (m)	kopsht zarzavatesh (m)	[kópʃt zarzavátɛʃ]
frutteto (m)	kopsht frutor (m)	[kópʃt frutór]

pascolare (vt)	kullos	[kuɫós]
pastore (m)	bari (m)	[barí]
pascolo (m)	kullota (f)	[kuɫóta]

| allevamento (m) di bestiame | mbarështim bagëtish (m) | [mbarəʃtím bagətíʃ] |
| allevamento (m) di pecore | rritje e deleve (f) | [rítjɛ ɛ délɛvɛ] |

piantagione (f)	plantacion (m)	[plantatsión]
filare (m) (un ~ di alberi)	rresht (m)	[réʃt]
serra (f) da orto	serë (f)	[sérə]

| siccità (f) | thatësirë (f) | [θatəsírə] |
| secco, arido (un'estate ~a) | e thatë | [ɛ θátə] |

grano (m)	drithë (m)	[dríθə]
cereali (m pl)	drithëra (pl)	[dríθəra]
raccogliere (vt)	korr	[kor]

mugnaio (m)	mullixhi (m)	[muɫidʒí]
mulino (m)	mulli (m)	[muɫí]
macinare (~ il grano)	bluaj	[blúaj]
farina (f)	miell (m)	[míɛɫ]
paglia (f)	kashtë (f)	[káʃtə]

103. Edificio. Attività di costruzione

cantiere (m) edile	kantier ndërtimi (m)	[kantiér ndərtími]
costruire (vt)	ndërtoj	[ndərtój]
operaio (m) edile	punëtor ndërtimi (m)	[punətór ndərtími]

progetto (m)	projekt (m)	[projékt]
architetto (m)	arkitekt (m)	[arkitékt]
operaio (m)	punëtor (m)	[punətór]

fondamenta (f pl)	themel (m)	[θɛmél]
tetto (m)	çati (f)	[tʃatí]
palo (m) di fondazione	shtyllë themeli (f)	[ʃtýɫə θɛméli]
muro (m)	mur (m)	[mur]

| barre (f pl) di rinforzo | shufra përforcuese (pl) | [ʃúfra pərfortsúɛsɛ] |
| impalcatura (f) | skela (f) | [skéla] |

beton (m)	beton (m)	[bɛtón]
granito (m)	granit (m)	[granít]
pietra (f)	gur (m)	[gur]
mattone (m)	tullë (f)	[túɫə]

sabbia (f)	rërë (f)	[rérə]
cemento (m)	çimento (f)	[tʃiménto]
intonaco (m)	suva (f)	[súva]
intonacare (vt)	suvatoj	[suvatój]

pittura (f)	bojë (f)	[bójə]
pitturare (vt)	lyej	[lýɛj]
botte (f)	fuçi (f)	[futʃí]

gru (f)	vinç (m)	[vintʃ]
sollevare (vt)	ngreh	[ŋréh]
abbassare (vt)	ul	[ul]
bulldozer (m)	buldozer (m)	[buldozér]
scavatrice (f)	ekskavator (m)	[ɛkskavatór]

cucchiaia (f)	**goja e ekskavatorit** (f)	[gója ε εkskavatórit]
scavare (vt)	**gërmoj**	[gərmój]
casco (m) (~ di sicurezza)	**helmetë** (f)	[hεlmétə]

Professioni e occupazioni

104. Ricerca di un lavoro. Licenziamento

lavoro (m)	punë (f)	[púnə]
organico (m)	staf (m)	[staf]
personale (m)	personel (m)	[pɛrsonél]
carriera (f)	karrierë (f)	[kariérə]
prospettiva (f)	mundësi (f)	[mundəsí]
abilità (f pl)	aftësi (f)	[aftəsí]
selezione (f) (~ del personale)	përzgjedhje (f)	[pərzɟéðjɛ]
agenzia (f) di collocamento	agjenci punësimi (f)	[aɟɛntsí punəsími]
curriculum vitae (f)	resume (f)	[rɛsumé]
colloquio (m)	intervistë punësimi (f)	[intɛrvístə punəsími]
posto (m) vacante	vend i lirë pune (m)	[vɛnd i lírə púnɛ]
salario (m)	rrogë (f)	[rógə]
stipendio (m) fisso	rrogë fikse (f)	[rógə fíksɛ]
compenso (m)	pagesë (f)	[pagésə]
carica (f), funzione (f)	post (m)	[post]
mansione (f)	detyrë (f)	[dɛtýrə]
mansioni (f pl) di lavoro	lista e detyrave (f)	[lísta ɛ dɛtýravɛ]
occupato (agg)	i zënë	[i zénə]
licenziare (vt)	pushoj nga puna	[puʃój ŋa púna]
licenziamento (m)	pushim nga puna (m)	[puʃím ŋa púna]
disoccupazione (f)	papunësi (m)	[papunəsí]
disoccupato (m)	i papunë (m)	[i papúnə]
pensionamento (m)	pension (m)	[pɛnsión]
andare in pensione	dal në pension	[dál nə pɛnsión]

105. Gente d'affari

direttore (m)	drejtor (m)	[drɛjtór]
dirigente (m)	drejtor (m)	[drɛjtór]
capo (m)	bos (m)	[bos]
superiore (m)	epror (m)	[ɛprór]
capi (m pl)	eprorët (pl)	[ɛprórət]
presidente (m)	president (m)	[prɛsidént]
presidente (m) (impresa)	kryetar (m)	[kryɛtár]
vice (m)	zëvendës (m)	[zəvéndəs]
assistente (m)	ndihmës (m)	[ndíhməs]

segretario (m)	sekretar (m)	[sɛkrɛtár]
assistente (m) personale	ndihmës personal (m)	[ndíhməs pɛrsonál]
uomo (m) d'affari	biznesmen (m)	[biznɛsmén]
imprenditore (m)	sipërmarrës (m)	[sipərmárəs]
fondatore (m)	themelues (m)	[θɛmɛlúɛs]
fondare (vt)	themeloj	[θɛmɛlój]
socio (m)	bashkëthemelues (m)	[baʃkəθɛmɛlúɛs]
partner (m)	partner (m)	[partnér]
azionista (m)	aksioner (m)	[aksionér]
milionario (m)	milioner (m)	[milionér]
miliardario (m)	bilioner (m)	[bilionér]
proprietario (m)	pronar (m)	[pronár]
latifondista (m)	pronar tokash (m)	[pronár tókaʃ]
cliente (m) (di professionista)	klient (m)	[kliént]
cliente (m) abituale	klient i rregullt (m)	[kliént i réguɫt]
compratore (m)	blerës (m)	[blérəs]
visitatore (m)	vizitor (m)	[vizitór]
professionista (m)	profesionist (m)	[profɛsioníst]
esperto (m)	ekspert (m)	[ɛkspért]
specialista (m)	specialist (m)	[spɛtsialíst]
banchiere (m)	bankier (m)	[bankiér]
broker (m)	komisioner (m)	[komisionér]
cassiere (m)	arkëtar (m)	[arkətár]
contabile (m)	kontabilist (m)	[kontabilíst]
guardia (f) giurata	roje sigurimi (m)	[rójɛ sigurími]
investitore (m)	investitor (m)	[invɛstitór]
debitore (m)	debitor (m)	[dɛbitór]
creditore (m)	kreditor (m)	[krɛditór]
mutuatario (m)	huamarrës (m)	[huamárəs]
importatore (m)	importues (m)	[importúɛs]
esportatore (m)	eksportues (m)	[ɛksportúɛs]
produttore (m)	prodhues (m)	[proðúɛs]
distributore (m)	distributor (m)	[distributór]
intermediario (m)	ndërmjetës (m)	[ndərmjétəs]
consulente (m)	këshilltar (m)	[kəʃiɫtár]
rappresentante (m)	përfaqësues i shitjeve (m)	[pərfacəsúɛs i ʃitjévɛ]
agente (m)	agjent (m)	[aɟént]
assicuratore (m)	agjent sigurimesh (m)	[aɟént sigurímɛʃ]

106. Professioni amministrative

cuoco (m)	kuzhinier (m)	[kuʒiniér]
capocuoco (m)	shef kuzhine (m)	[ʃɛf kuʒínɛ]

fornaio (m)	furrtar (m)	[furtár]
barista (m)	banakier (m)	[banakiér]
cameriere (m)	kamerier (m)	[kamɛriér]
cameriera (f)	kameriere (f)	[kamɛriérɛ]

avvocato (m)	avokat (m)	[avokát]
esperto (m) legale	jurist (m)	[juríst]
notaio (m)	noter (m)	[notér]

elettricista (m)	elektricist (m)	[ɛlɛktritsíst]
idraulico (m)	hidraulik (m)	[hidraulík]
falegname (m)	marangoz (m)	[maraŋóz]

massaggiatore (m)	masazhist (m)	[masaʒíst]
massaggiatrice (f)	masazhiste (f)	[masaʒístɛ]
medico (m)	mjek (m)	[mjék]

taxista (m)	shofer taksie (m)	[ʃofér taksíɛ]
autista (m)	shofer (m)	[ʃofér]
fattorino (m)	postier (m)	[postiér]

cameriera (f)	pastruese (f)	[pastrúɛsɛ]
guardia (f) giurata	roje sigurimi (m)	[rójɛ sigurími]
hostess (f)	stjuardesë (f)	[stjuardésə]

insegnante (m, f)	mësues (m)	[məsúɛs]
bibliotecario (m)	punonjës biblioteke (m)	[punóɲəs bibliotékɛ]
traduttore (m)	përkthyes (m)	[pərkθýɛs]
interprete (m)	përkthyes (m)	[pərkθýɛs]
guida (f)	udhërrëfyes (m)	[uðərəfýɛs]

parrucchiere (m)	parukiere (f)	[parukiérɛ]
postino (m)	postier (m)	[postiér]
commesso (m)	shitës (m)	[ʃítəs]

giardiniere (m)	kopshtar (m)	[kopʃtár]
domestico (m)	shërbëtor (m)	[ʃərbətór]
domestica (f)	shërbëtore (f)	[ʃərbətórɛ]
donna (f) delle pulizie	pastruese (f)	[pastrúɛsɛ]

107. Professioni militari e gradi

soldato (m) semplice	ushtar (m)	[uʃtár]
sergente (m)	rreshter (m)	[rɛʃtér]
tenente (m)	toger (m)	[togér]
capitano (m)	kapiten (m)	[kapitén]

maggiore (m)	major (m)	[majór]
colonnello (m)	kolonel (m)	[kolonél]
generale (m)	gjeneral (m)	[ɟɛnɛrál]
maresciallo (m)	marshall (m)	[marʃáɫ]
ammiraglio (m)	admiral (m)	[admirál]
militare (m)	ushtri (f)	[uʃtrí]
soldato (m)	ushtar (m)	[uʃtár]

| ufficiale (m) | oficer (m) | [ofitsér] |
| comandante (m) | komandant (m) | [komandánt] |

guardia (f) di frontiera	roje kufiri (m)	[rójɛ kufíri]
marconista (m)	radist (m)	[radíst]
esploratore (m)	eksplorues (m)	[ɛksplorúɛs]
geniere (m)	xhenier (m)	[dʒɛniér]
tiratore (m)	shënjues (m)	[ʃəɲúɛs]
navigatore (m)	navigues (m)	[navigúɛs]

108. Funzionari. Sacerdoti

| re (m) | mbret (m) | [mbrét] |
| regina (f) | mbretëreshë (f) | [mbrɛtəréʃə] |

| principe (m) | princ (m) | [prints] |
| principessa (f) | princeshë (f) | [printséʃə] |

| zar (m) | car (m) | [tsár] |
| zarina (f) | carina (f) | [tsarína] |

presidente (m)	president (m)	[prɛsidént]
ministro (m)	ministër (m)	[minístər]
primo ministro (m)	kryeministër (m)	[kryɛminístər]
senatore (m)	senator (m)	[sɛnatór]

diplomatico (m)	diplomat (m)	[diplomát]
console (m)	konsull (m)	[kónsuɫ]
ambasciatore (m)	ambasador (m)	[ambasadór]
consigliere (m)	këshilltar diplomatik (m)	[kəʃiɫtár diplomatík]

funzionario (m)	zyrtar (m)	[zyrtár]
prefetto (m)	prefekt (m)	[prɛfékt]
sindaco (m)	kryetar komune (m)	[kryɛtár komúnɛ]

| giudice (m) | gjykatës (m) | [ɟykátəs] |
| procuratore (m) | prokuror (m) | [prokurór] |

missionario (m)	misionar (m)	[misionár]
monaco (m)	murg (m)	[murg]
abate (m)	abat (m)	[abát]
rabbino (m)	rabin (m)	[rabín]

visir (m)	vezir (m)	[vɛzír]
scià (m)	shah (m)	[ʃah]
sceicco (m)	sheik (m)	[ʃéik]

109. Professioni agricole

apicoltore (m)	bletar (m)	[blɛtár]
pastore (m)	bari (m)	[barí]
agronomo (m)	agronom (m)	[agronóm]

| allevatore (m) di bestiame | rritës bagëtish (m) | [rítəs bagətíʃ] |
| veterinario (m) | veteriner (m) | [vɛtɛrinér] |

fattore (m)	fermer (m)	[fɛrmér]
vinificatore (m)	prodhues verërash (m)	[proðúɛs vérəraʃ]
zoologo (m)	zoolog (m)	[zoológ]
cowboy (m)	lopar (m)	[lopár]

110. Professioni artistiche

| attore (m) | aktor (m) | [aktór] |
| attrice (f) | aktore (f) | [aktórɛ] |

| cantante (m) | këngëtar (m) | [kəŋətár] |
| cantante (f) | këngëtare (f) | [kəŋətárɛ] |

| danzatore (m) | valltar (m) | [vałtár] |
| ballerina (f) | valltare (f) | [vałtárɛ] |

| artista (m) | artist (m) | [artíst] |
| artista (f) | artiste (f) | [artístɛ] |

musicista (m)	muzikant (m)	[muzikánt]
pianista (m)	pianist (m)	[pianíst]
chitarrista (m)	kitarist (m)	[kitaríst]

direttore (m) d'orchestra	dirigjent (m)	[dirijént]
compositore (m)	kompozitor (m)	[kompozitór]
impresario (m)	organizator (m)	[organizatór]

regista (m)	regjisor (m)	[rɛjisór]
produttore (m)	producent (m)	[produtsént]
sceneggiatore (m)	skenarist (m)	[skɛnaríst]
critico (m)	kritik (m)	[kritík]

scrittore (m)	shkrimtar (m)	[ʃkrimtár]
poeta (m)	poet (m)	[poét]
scultore (m)	skulptor (m)	[skulptór]
pittore (m)	piktor (m)	[piktór]

giocoliere (m)	zhongler (m)	[ʒoŋlér]
pagliaccio (m)	kloun (m)	[kloún]
acrobata (m)	akrobat (m)	[akrobát]
prestigiatore (m)	magjistar (m)	[majistár]

111. Professioni varie

medico (m)	mjek (m)	[mjék]
infermiera (f)	infermiere (f)	[infɛrmiérɛ]
psichiatra (m)	psikiatër (m)	[psikiátər]
dentista (m)	dentist (m)	[dɛntíst]
chirurgo (m)	kirurg (m)	[kirúrg]

astronauta (m)	astronaut (m)	[astronaút]
astronomo (m)	astronom (m)	[astronóm]
pilota (m)	pilot (m)	[pilót]

autista (m)	shofer (m)	[ʃofér]
macchinista (m)	makinist (m)	[makiníst]
meccanico (m)	mekanik (m)	[mɛkaník]

minatore (m)	minator (m)	[minatór]
operaio (m)	punëtor (m)	[punətór]
operaio (m) metallurgico	bravandreqës (m)	[bravandrécəs]
falegname (m)	marangoz (m)	[maraŋóz]
tornitore (m)	tornitor (m)	[tornitór]
operaio (m) edile	punëtor ndërtimi (m)	[punətór ndərtími]
saldatore (m)	saldator (m)	[saldatór]

professore (m)	profesor (m)	[profɛsór]
architetto (m)	arkitekt (m)	[arkitékt]
storico (m)	historian (m)	[historián]
scienziato (m)	shkencëtar (m)	[ʃkɛntsətár]
fisico (m)	fizikant (m)	[fizikánt]
chimico (m)	kimist (m)	[kimíst]

archeologo (m)	arkeolog (m)	[arkɛológ]
geologo (m)	gjeolog (m)	[ɟɛológ]
ricercatore (m)	studiues (m)	[studiúɛs]

| baby-sitter (m, f) | dado (f) | [dádo] |
| insegnante (m, f) | mësues (m) | [məsúɛs] |

redattore (m)	redaktor (m)	[rɛdaktór]
redattore capo (m)	kryeredaktor (m)	[kryɛrɛdaktór]
corrispondente (m)	korrespondent (m)	[korɛspondént]
dattilografa (f)	daktilografiste (f)	[daktilografístɛ]

designer (m)	projektues (m)	[projɛktúɛs]
esperto (m) informatico	ekspert kompjuterësh (m)	[ɛkspért kompjutérəʃ]
programmatore (m)	programues (m)	[programúɛs]
ingegnere (m)	inxhinier (m)	[indʒiniér]

marittimo (m)	marinar (m)	[marinár]
marinaio (m)	marinar (m)	[marinár]
soccorritore (m)	shpëtimtar (m)	[ʃpətimtár]

pompiere (m)	zjarrfikës (m)	[zjarfíkəs]
poliziotto (m)	polic (m)	[políts]
guardiano (m)	roje (f)	[rójɛ]
detective (m)	detektiv (m)	[dɛtɛktív]

doganiere (m)	doganier (m)	[doganiér]
guardia (f) del corpo	truprojë (f)	[truprójə]
guardia (f) carceraria	gardian burgu (m)	[gardián búrgu]
ispettore (m)	inspektor (m)	[inspɛktór]

| sportivo (m) | sportist (m) | [sportíst] |
| allenatore (m) | trajner (m) | [trajnér] |

macellaio (m)	kasap (m)	[kasáp]
calzolaio (m)	këpucëtar (m)	[kəputsətár]
uomo (m) d'affari	tregtar (m)	[trɛgtár]
caricatore (m)	ngarkues (m)	[ŋarkúɛs]

stilista (m)	stilist (m)	[stilíst]
modella (f)	modele (f)	[modélɛ]

112. Attività lavorative. Condizione sociale

scolaro (m)	nxënës (m)	[ndzénəs]
studente (m)	student (m)	[studént]

filosofo (m)	filozof (m)	[filozóf]
economista (m)	ekonomist (m)	[ɛkonomíst]
inventore (m)	shpikës (m)	[ʃpíkəs]

disoccupato (m)	i papunë (m)	[i papúnə]
pensionato (m)	pensionist (m)	[pɛnsioníst]
spia (f)	spiun (m)	[spiún]

detenuto (m)	i burgosur (m)	[i burgósur]
scioperante (m)	grevist (m)	[grɛvíst]
burocrate (m)	burokrat (m)	[burokrát]
viaggiatore (m)	udhëtar (m)	[uðətár]

omosessuale (m)	homoseksual (m)	[homosɛksuál]
hacker (m)	haker (m)	[hakér]
hippy (m, f)	hipik (m)	[hipík]

bandito (m)	bandit (m)	[bandít]
sicario (m)	vrasës (m)	[vrásəs]
drogato (m)	narkoman (m)	[narkomán]
trafficante (m) di droga	trafikant droge (m)	[trafikánt drógɛ]
prostituta (f)	prostitutë (f)	[prostitútə]
magnaccia (m)	tutor (m)	[tutór]

stregone (m)	magjistar (m)	[maɟistár]
strega (f)	shtrigë (f)	[ʃtrígə]
pirata (m)	pirat (m)	[pirát]
schiavo (m)	skllav (m)	[skłav]
samurai (m)	samurai (m)	[samurái]
selvaggio (m)	i egër (m)	[i égər]

Sport

113. Tipi di sport. Sportivi

sportivo (m)	sportist (m)	[sportíst]
sport (m)	lloj sporti (m)	[łoj spórti]
pallacanestro (m)	basketboll (m)	[baskɛtbół]
cestista (m)	basketbollist (m)	[baskɛtbołíst]
baseball (m)	bejsboll (m)	[bɛjsbół]
giocatore (m) di baseball	lojtar bejsbolli (m)	[lojtár bɛjsbółi]
calcio (m)	futboll (m)	[futbół]
calciatore (m)	futbollist (m)	[futbołíst]
portiere (m)	portier (m)	[portiér]
hockey (m)	hokej (m)	[hokéj]
hockeista (m)	lojtar hokeji (m)	[lojtár hokéji]
pallavolo (m)	volejboll (m)	[volɛjbół]
pallavolista (m)	volejbollist (m)	[volɛjbołíst]
pugilato (m)	boks (m)	[boks]
pugile (m)	boksier (m)	[boksiér]
lotta (f)	mundje (f)	[múndjɛ]
lottatore (m)	mundës (m)	[múndəs]
karate (m)	karate (f)	[karátɛ]
karateka (m)	karateist (m)	[karatɛíst]
judo (m)	xhudo (f)	[dʒúdo]
judoista (m)	xhudist (m)	[dʒudíst]
tennis (m)	tenis (m)	[tɛnís]
tennista (m)	tenist (m)	[tɛníst]
nuoto (m)	not (m)	[not]
nuotatore (m)	notar (m)	[notár]
scherma (f)	skerma (f)	[skérma]
schermitore (m)	skermist (m)	[skɛrmíst]
scacchi (m pl)	shah (m)	[ʃah]
scacchista (m)	shahist (m)	[ʃahíst]
alpinismo (m)	alpinizëm (m)	[alpinízəm]
alpinista (m)	alpinist (m)	[alpiníst]
corsa (f)	vrapim (m)	[vrapím]

corridore (m)	vrapues (m)	[vrapúɛs]
atletica (f) leggera	atletikë (f)	[atlɛtíkə]
atleta (m)	atlet (m)	[atlét]

| ippica (f) | kalërim (m) | [kalərím] |
| fantino (m) | kalorës (m) | [kalórəs] |

pattinaggio (m) artistico	patinazh (m)	[patináʒ]
pattinatore (m)	patinator (m)	[patinatór]
pattinatrice (f)	patinatore (f)	[patinatórɛ]

| pesistica (f) | peshëngritje (f) | [pɛʃəŋrítjɛ] |
| pesista (m) | peshëngritës (m) | [pɛʃəŋrítəs] |

| automobilismo (m) | garë me makina (f) | [gárə mɛ makína] |
| pilota (m) | shofer garash (m) | [ʃofér gáraʃ] |

| ciclismo (m) | çiklizëm (m) | [tʃiklízəm] |
| ciclista (m) | çiklist (m) | [tʃiklíst] |

salto (m) in lungo	kërcim së gjati (m)	[kərtsím sə ɟáti]
salto (m) con l'asta	kërcim së larti (m)	[kərtsím sə lárti]
saltatore (m)	kërcyes (m)	[kərtsýɛs]

114. Tipi di sport. Varie

football (m) americano	futboll amerikan (m)	[futbóɫ amɛrikán]
badminton (m)	badminton (m)	[bádminton]
biathlon (m)	biatlon (m)	[biatlón]
biliardo (m)	bilardo (f)	[bilárdo]

bob (m)	bobsled (m)	[bobsléd]
culturismo (m)	bodybuilding (m)	[bodybuildíŋ]
pallanuoto (m)	vaterpol (m)	[vatɛrpól]
pallamano (m)	hendboll (m)	[hɛndbóɫ]
golf (m)	golf (m)	[golf]

canottaggio (m)	kanotazh (m)	[kanotáʒ]
immersione (f) subacquea	zhytje (f)	[ʒýtjɛ]
sci (m) di fondo	skijim nordik (m)	[skijím nordík]
tennis (m) da tavolo	ping pong (m)	[piŋ póŋ]

vela (f)	lundrim me vela (m)	[lundrím mɛ véla]
rally (m)	garë rally (f)	[gárə ráɫy]
rugby (m)	ragbi (m)	[rágbi]
snowboard (m)	snoubord (m)	[snoubórd]
tiro (m) con l'arco	gjuajtje me hark (f)	[ɟúajtjɛ mɛ hárk]

115. Palestra

| bilanciere (m) | peshë (f) | [péʃə] |
| manubri (m pl) | gira (f) | [gíra] |

attrezzo (m) sportivo	makinë trajnimi (f)	[makínǝ trajními]
cyclette (f)	biçikletë ushtrimesh (f)	[bitʃiklétǝ uʃtrímɛʃ]
tapis roulant (m)	makinë vrapi (f)	[makínǝ vrápi]

sbarra (f)	tra horizontal (m)	[tra horizontál]
parallele (f pl)	trarë paralele (pl)	[trárǝ paralélɛ]
cavallo (m)	kaluç (m)	[kalútʃ]
materassino (m)	tapet gjimnastike (m)	[tapét ɟimnastíkɛ]

corda (f) per saltare	litar kërcimi (m)	[litár kǝrtsími]
aerobica (f)	aerobik (m)	[aɛrobík]
yoga (m)	joga (f)	[jóga]

116. Sport. Varie

Giochi (m pl) Olimpici	Lojërat Olimpike (pl)	[lójǝrat olimpíkɛ]
vincitore (m)	fitues (m)	[fitúɛs]
ottenere la vittoria	duke fituar	[dúkɛ fitúar]
vincere (vi)	fitoj	[fitój]

| leader (m), capo (m) | lider (m) | [lidér] |
| essere alla guida | udhëheq | [uðǝhéc] |

primo posto (m)	vendi i parë	[véndi i párǝ]
secondo posto (m)	vendi i dytë	[véndi i dýtǝ]
terzo posto (m)	vendi i tretë	[véndi i trétǝ]

medaglia (f)	medalje (f)	[mɛdáljɛ]
trofeo (m)	trofe (f)	[trofé]
coppa (f) (trofeo)	kupë (f)	[kúpǝ]
premio (m)	çmim (m)	[tʃmím]
primo premio (m)	çmimi i parë (m)	[tʃmími i párǝ]

| record (m) | rekord (m) | [rɛkórd] |
| stabilire un record | vendos rekord | [vɛndós rɛkórd] |

| finale (m) | finale | [finálɛ] |
| finale (agg) | finale | [finálɛ] |

| campione (m) | kampion (m) | [kampión] |
| campionato (m) | kampionat (m) | [kampionát] |

stadio (m)	stadium (m)	[stadiúm]
tribuna (f)	tribunë (f)	[tribúnǝ]
tifoso, fan (m)	tifoz (m)	[tifóz]
avversario (m)	kundërshtar (m)	[kundǝrʃtár]

| partenza (f) | start (m) | [start] |
| traguardo (m) | cak (m) | [tsák] |

sconfitta (f)	humbje (f)	[húmbjɛ]
perdere (vt)	humb	[húmb]
arbitro (m)	arbitër (m)	[arbítǝr]
giuria (f)	juri (f)	[jurí]

punteggio (m)	rezultat (m)	[rɛzultát]
pareggio (m)	barazim (m)	[barazím]
pareggiare (vi)	barazoj	[baɾazój]
punto (m)	pikë (f)	[píkə]
risultato (m)	rezultat (m)	[rɛzultát]

tempo (primo ~)	pjesë (f)	[pjésə]
intervallo (m)	pushim (m)	[puʃím]

doping (m)	doping (m)	[dopíŋ]
penalizzare (vt)	penalizoj	[pɛnalizój]
squalificare (vt)	diskualifikoj	[diskualifikój]

attrezzatura (f)	aparat (m)	[aparát]
giavellotto (m)	hedhje e shtizës (f)	[héðjɛ ɛ ʃtízəs]
peso (m) (sfera metallica)	gjyle (f)	[ɟýlɛ]
biglia (f) (palla)	bile (f)	[bílɛ]

obiettivo (m)	shënjestër (f)	[ʃəɲéstər]
bersaglio (m)	shënjestër (f)	[ʃəɲéstər]
sparare (vi)	qëlloj	[cətój]
preciso (agg)	e saktë	[ɛ sáktə]

allenatore (m)	trajner (m)	[trajnér]
allenare (vt)	stërvit	[stərvít]
allenarsi (vr)	stërvitem	[stərvítɛm]
allenamento (m)	trajnim (m)	[trajním]

palestra (f)	palestër (f)	[paléstər]
esercizio (m)	ushtrime (f)	[uʃtrímɛ]
riscaldamento (m)	ngrohje (f)	[ŋróhjɛ]

Istruzione

117. Scuola

scuola (f)	shkollë (f)	[ʃkółə]
direttore (m) di scuola	drejtor shkolle (m)	[drɛjtór ʃkółɛ]
allievo (m)	nxënës (m)	[ndzə́nəs]
allieva (f)	nxënëse (f)	[ndzə́nəsɛ]
scolaro (m)	nxënës (m)	[ndzə́nəs]
scolara (f)	nxënëse (f)	[ndzə́nəsɛ]
insegnare (qn)	jap mësim	[jap məsím]
imparare (una lingua)	mësoj	[məsój]
imparare a memoria	mësoj përmendësh	[məsój pərméndəʃ]
studiare (vi)	mësoj	[məsój]
frequentare la scuola	jam në shkollë	[jam nə ʃkółə]
andare a scuola	shkoj në shkollë	[ʃkoj nə ʃkółə]
alfabeto (m)	alfabet (m)	[alfabét]
materia (f)	lëndë (f)	[lə́ndə]
classe (f)	klasë (f)	[klásə]
lezione (f)	mësim (m)	[məsím]
ricreazione (f)	pushim (m)	[puʃím]
campanella (f)	zile e shkollës (f)	[zílɛ ɛ ʃkółəs]
banco (m)	bankë e shkollës (f)	[bánkə ɛ ʃkółəs]
lavagna (f)	tabelë e zezë (f)	[tabélə ɛ zézə]
voto (m)	notë (f)	[nótə]
voto (m) alto	notë e mirë (f)	[nótə ɛ mírə]
voto (m) basso	notë e keqe (f)	[nótə ɛ kécɛ]
dare un voto	vendos notë	[vɛndós nótə]
errore (m)	gabim (m)	[gabím]
fare errori	bëj gabime	[bəj gabímɛ]
correggere (vt)	korrigjoj	[koriɟój]
bigliettino (m)	kopje (f)	[kópjɛ]
compiti (m pl)	detyrë shtëpie (f)	[dɛtýrə ʃtəpíɛ]
esercizio (m)	ushtrim (m)	[uʃtrím]
essere presente	jam prezent	[jam prɛzént]
essere assente	mungoj	[muŋój]
mancare le lezioni	mungoj në shkollë	[muŋój nə ʃkółə]
punire (vt)	ndëshkoj	[ndəʃkój]
punizione (f)	ndëshkim (m)	[ndəʃkím]
comportamento (m)	sjellje (f)	[sjéɬjɛ]

pagella (f)	**dëftesë** (f)	[dəftésə]
matita (f)	**laps** (m)	[láps]
gomma (f) per cancellare	**gomë** (f)	[gómə]
gesso (m)	**shkumës** (m)	[ʃkúməs]
astuccio (m) portamatite	**portofol lapsash** (m)	[portofól lápsaʃ]

cartella (f)	**çantë shkolle** (f)	[tʃántə ʃkółɛ]
penna (f)	**stilolaps** (m)	[stiloláps]
quaderno (m)	**fletore** (f)	[flɛtórɛ]
manuale (m)	**tekst mësimor** (m)	[tɛkst məsimór]
compasso (m)	**kompas** (m)	[kompás]

disegnare (tracciare)	**vizatoj**	[vizatój]
disegno (m) tecnico	**vizatim teknik** (m)	[vizatím tɛkník]

poesia (f)	**poezi** (f)	[poɛzí]
a memoria	**përmendësh**	[pərméndəʃ]
imparare a memoria	**mësoj përmendësh**	[məsój pərméndəʃ]

vacanze (f pl) scolastiche	**pushimet e shkollës** (m)	[puʃímɛt ɛ ʃkółəs]
essere in vacanza	**jam me pushime**	[jam mɛ puʃímɛ]
passare le vacanze	**kaloj pushimet**	[kalój puʃímɛt]

prova (f) scritta	**test** (m)	[tɛst]
composizione (f)	**ese** (f)	[ɛsé]
dettato (m)	**diktim** (m)	[diktím]
esame (m)	**provim** (m)	[provím]
sostenere un esame	**kam provim**	[kam provím]
esperimento (m)	**eksperiment** (m)	[ɛkspɛrimént]

118. Istituto superiore. Università

accademia (f)	**akademi** (f)	[akadɛmí]
università (f)	**universitet** (m)	[univɛrsitét]
facoltà (f)	**fakultet** (m)	[fakultét]

studente (m)	**student** (m)	[studént]
studentessa (f)	**studente** (f)	[studéntɛ]
docente (m, f)	**pedagog** (m)	[pɛdagóg]

aula (f)	**auditor** (m)	[auditór]
diplomato (m)	**i diplomuar** (m)	[i diplomúar]

diploma (m)	**diplomë** (f)	[diplómə]
tesi (f)	**disertacion** (m)	[disɛrtatsión]

ricerca (f)	**studim** (m)	[studím]
laboratorio (m)	**laborator** (m)	[laboratór]

lezione (f)	**leksion** (m)	[lɛksión]
compagno (m) di corso	**shok kursi** (m)	[ʃok kúrsi]

borsa (f) di studio	**bursë** (f)	[búrsə]
titolo (m) accademico	**diplomë akademike** (f)	[diplómə akadɛmíkɛ]

119. Scienze. Discipline

matematica (f)	matematikë (f)	[matɛmatíkə]
algebra (f)	algjebër (f)	[alɟébər]
geometria (f)	gjeometri (f)	[ɟɛomɛtrí]

astronomia (f)	astronomi (f)	[astronomí]
biologia (f)	biologji (f)	[bioloɟí]
geografia (f)	gjeografi (f)	[ɟɛografí]
geologia (f)	gjeologji (f)	[ɟɛoloɟí]
storia (f)	histori (f)	[historí]

medicina (f)	mjekësi (f)	[mjɛkəsí]
pedagogia (f)	pedagogji (f)	[pɛdagoɟí]
diritto (m)	drejtësi (f)	[drɛjtəsí]

fisica (f)	fizikë (f)	[fizíkə]
chimica (f)	kimi (f)	[kimí]
filosofia (f)	filozofi (f)	[filozofí]
psicologia (f)	psikologji (f)	[psikoloɟí]

120. Sistema di scrittura. Ortografia

grammatica (f)	gramatikë (f)	[gramatíkə]
lessico (m)	fjalor (m)	[fjalór]
fonetica (f)	fonetikë (f)	[fonɛtíkə]

sostantivo (m)	emër (m)	[émər]
aggettivo (m)	mbiemër (m)	[mbiémər]
verbo (m)	folje (f)	[fóljɛ]
avverbio (m)	ndajfolje (f)	[ndajfóljɛ]

pronome (m)	përemër (m)	[pərémər]
interiezione (f)	pasthirrmë (f)	[pasθírrmə]
preposizione (f)	parafjalë (f)	[parafjálə]

radice (f)	rrënjë (f)	[réɲə]
desinenza (f)	fundore (f)	[fundórɛ]
prefisso (m)	parashtesë (f)	[paraʃtésə]
sillaba (f)	rrokje (f)	[rókjɛ]
suffisso (m)	prapashtesë (f)	[prapaʃtésə]

accento (m)	theks (m)	[θɛks]
apostrofo (m)	apostrof (m)	[apostróf]

punto (m)	pikë (f)	[píkə]
virgola (f)	presje (f)	[présjɛ]
punto (m) e virgola	pikëpresje (f)	[pikəprésjɛ]
due punti	dy pika (f)	[dy píka]
puntini di sospensione	tre pika (f)	[trɛ píka]

punto (m) interrogativo	pikëpyetje (f)	[pikəpýɛtjɛ]
punto (m) esclamativo	pikëçuditje (f)	[pikətʃudítjɛ]

virgolette (f pl)	thonjëza (f)	[θóɲəza]
tra virgolette	në thonjëza	[nə θóɲəza]
parentesi (f pl)	kllapa (f)	[kɬápa]
tra parentesi	brenda kllapave	[brénda kɬápavɛ]

trattino (m)	vizë ndarëse (f)	[vízə ndárəsɛ]
lineetta (f)	vizë (f)	[vízə]
spazio (m) (tra due parole)	hapësirë (f)	[hapəsírə]

| lettera (f) | shkronjë (f) | [ʃkróɲə] |
| lettera (f) maiuscola | shkronjë e madhe (f) | [ʃkróɲə ɛ máðɛ] |

| vocale (f) | zanore (f) | [zanórɛ] |
| consonante (f) | bashkëtingëllore (f) | [baʃkətiɲətórɛ] |

proposizione (f)	fjali (f)	[fjalí]
soggetto (m)	kryefjalë (f)	[kryɛfjálə]
predicato (m)	kallëzues (m)	[kaɬəzúɛs]

riga (f)	rresht (m)	[réʃt]
a capo	rresht i ri	[réʃt i rí]
capoverso (m)	paragraf (m)	[paragráf]

parola (f)	fjalë (f)	[fjálə]
gruppo (m) di parole	grup fjalësh (m)	[grup fjáləʃ]
espressione (f)	shprehje (f)	[ʃpréhjɛ]
sinonimo (m)	sinonim (m)	[sinoním]
antonimo (m)	antonim (m)	[antoním]

regola (f)	rregull (m)	[réguɬ]
eccezione (f)	përjashtim (m)	[pərjaʃtím]
giusto (corretto)	saktë	[sáktə]

coniugazione (f)	lakim (m)	[lakím]
declinazione (f)	rasë	[rásə]
caso (m) nominativo	rasë emërore (f)	[rásə ɛmərórɛ]
domanda (f)	pyetje (f)	[pýɛtjɛ]
sottolineare (vt)	nënvijëzoj	[nənvijəzój]
linea (f) tratteggiata	vijë me ndërprerje (f)	[víjə mɛ ndərprérjɛ]

121. Lingue straniere

lingua (f)	gjuhë (f)	[ɟúhə]
straniero (agg)	huaj	[húaj]
lingua (f) straniera	gjuhë e huaj (f)	[ɟúhə ɛ húaj]
studiare (vt)	studioj	[studiój]
imparare (una lingua)	mësoj	[məsój]

leggere (vi, vt)	lexoj	[lɛdzój]
parlare (vi, vt)	flas	[flas]
capire (vt)	kuptoj	[kuptój]
scrivere (vi, vt)	shkruaj	[ʃkrúaj]
rapidamente	shpejt	[ʃpɛjt]
lentamente	ngadalë	[ŋadálə]

110

correntemente	rrjedhshëm	[rjéðʃəm]
regole (f pl)	rregullat (pl)	[réguɫat]
grammatica (f)	gramatikë (f)	[gramatíkə]
lessico (m)	fjalor (m)	[fjalór]
fonetica (f)	fonetikë (f)	[fonɛtíkə]

manuale (m)	tekst mësimor (m)	[tɛkst məsimór]
dizionario (m)	fjalor (m)	[fjalór]
manuale (m) autodidattico	libër i mësimit autodidakt (m)	[líbər i məsímit autodidákt]
frasario (m)	libër frazeologjik (m)	[líbər frazɛoloʝík]

cassetta (f)	kasetë (f)	[kasétə]
videocassetta (f)	videokasetë (f)	[vidɛokasétə]
CD (m)	CD (f)	[tsɛdé]
DVD (m)	DVD (m)	[dividí]

alfabeto (m)	alfabet (m)	[alfabét]
compitare (vt)	gërmëzoj	[gərməzój]
pronuncia (f)	shqiptim (m)	[ʃciptím]

accento (m)	aksent (m)	[aksént]
con un accento	me aksent	[mɛ aksént]
senza accento	pa aksent	[pa aksént]

| vocabolo (m) | fjalë (f) | [fjálə] |
| significato (m) | kuptim (m) | [kuptím] |

corso (m) (~ di francese)	kurs (m)	[kurs]
iscriversi (vr)	regjistrohem	[rɛʝistróhɛm]
insegnante (m, f)	mësues (m)	[məsúɛs]

traduzione (f) (fare una ~)	përkthim (m)	[pərkθím]
traduzione (f) (un testo)	përkthim (m)	[pərkθím]
traduttore (m)	përkthyes (m)	[pərkθýɛs]
interprete (m)	përkthyes (m)	[pərkθýɛs]

| poliglotta (m) | poliglot (m) | [poliglót] |
| memoria (f) | kujtesë (f) | [kujtésə] |

122. Personaggi delle fiabe

Babbo Natale (m)	Santa Klaus (m)	[sánta kláus]
Cenerentola (f)	Hirushja (f)	[hirúʃja]
sirena (f)	sirenë (f)	[sirénə]
Nettuno (m)	Neptuni (m)	[nɛptúni]

mago (m)	magjistar (m)	[maʝistár]
fata (f)	zanë (f)	[zánə]
magico (agg)	magjike	[maʝíkɛ]
bacchetta (f) magica	shkop magjik (m)	[ʃkop maʝík]

| fiaba (f), favola (f) | përrallë (f) | [pəráɫə] |
| miracolo (m) | mrekulli (f) | [mrɛkuɫí] |

111

| nano (m) | xhuxh (m) | [dʒudʒ] |
| trasformarsi in ... | shndërrohem ... | [ʃndəróhɛm ...] |

fantasma (m)	fantazmë (f)	[fantázmə]
spettro (m)	fantazmë (f)	[fantázmə]
mostro (m)	bishë (f)	[bíʃə]
drago (m)	dragua (m)	[dragúa]
gigante (m)	gjigant (m)	[ɟigánt]

123. Segni zodiacali

Ariete (m)	Dashi (m)	[dáʃi]
Toro (m)	Demi (m)	[démi]
Gemelli (m pl)	Binjakët (pl)	[biɲákət]
Cancro (m)	Gaforrja (f)	[gafórja]
Leone (m)	Luani (m)	[luáni]
Vergine (f)	Virgjëresha (f)	[viɾ̩əréʃa]

Bilancia (f)	Peshorja (f)	[pɛʃórja]
Scorpione (m)	Akrepi (m)	[akrépi]
Sagittario (m)	Shigjetari (m)	[ʃiɟɛtári]
Capricorno (m)	Bricjapi (m)	[britsjápi]
Acquario (m)	Ujori (m)	[ujóri]
Pesci (m pl)	Peshqit (pl)	[péʃcit]

carattere (m)	karakter (m)	[karaktér]
tratti (m pl) del carattere	tipare të karakterit (pl)	[tipárɛ tə karaktérit]
comportamento (m)	sjellje (f)	[sjéɫjɛ]
predire il futuro	parashikoj fatin	[paraʃikój fátin]
cartomante (f)	lexuese e fatit (f)	[lɛdzúɛsɛ ɛ fátit]
oroscopo (m)	horoskop (m)	[horoskóp]

Arte

124. Teatro

teatro (m)	teatër (m)	[tɛátər]
opera (f)	operë (f)	[opérə]
operetta (f)	operetë (f)	[opɛrétə]
balletto (m)	balet (m)	[balét]
cartellone (m)	afishe teatri (f)	[afíʃɛ tɛátri]
compagnia (f) teatrale	trupë teatrale (f)	[trúpə tɛatrálɛ]
tournée (f)	turne (f)	[turné]
andare in tourn?e	jam në turne	[jam nə turné]
fare le prove	bëj prova	[bəj próva]
prova (f)	provë (f)	[próvə]
repertorio (m)	repertor (m)	[rɛpɛrtór]
rappresentazione (f)	shfaqje (f)	[ʃfácjɛ]
spettacolo (m)	shfaqje teatrale (f)	[ʃfácjɛ tɛatrálɛ]
opera (f) teatrale	dramë (f)	[drámə]
biglietto (m)	biletë (f)	[bilétə]
botteghino (m)	zyrë e shitjeve të biletave (f)	[zýrə ɛ ʃítjɛvɛ tə bilétavɛ]
hall (f)	holl (m)	[hoł]
guardaroba (f)	dhoma e xhaketave (f)	[ðóma ɛ dʒakétavɛ]
cartellino (m) del guardaroba	numri i xhaketës (m)	[númri i dʒakétəs]
binocolo (m)	dylbi (f)	[dylbí]
maschera (f)	portier (m)	[portiér]
platea (f)	plato (f)	[plató]
balconata (f)	ballkon (m)	[baɫkón]
prima galleria (f)	galeria e parë (f)	[galɛría ɛ párə]
palco (m)	lozhë (f)	[lóʒə]
fila (f)	rresht (m)	[réʃt]
posto (m)	karrige (f)	[karígɛ]
pubblico (m)	publiku (m)	[publíku]
spettatore (m)	spektator (m)	[spɛktatór]
battere le mani	duartrokas	[duartrokás]
applauso (m)	duartrokitje (f)	[duartrokítjɛ]
ovazione (f)	brohoritje (f)	[brohorítjɛ]
palcoscenico (m)	skenë (f)	[skénə]
sipario (m)	perde (f)	[pérdɛ]
scenografia (f)	skenografi (f)	[skɛnografí]
quinte (f pl)	prapaskenë (f)	[prapaskénə]
scena (f) (l'ultima ~)	skenë (f)	[skénə]
atto (m)	akt (m)	[ákt]
intervallo (m)	pushim (m)	[puʃím]

125. Cinema

attore (m)	aktor (m)	[aktór]
attrice (f)	aktore (f)	[aktóre]

cinema (m) (industria)	kinema (f)	[kinεmá]
film (m)	film (m)	[film]
puntata (f)	episod (m)	[εpisód]

film (m) giallo	triller (m)	[trił ér]
film (m) d'azione	aksion (m)	[aksión]
film (m) d'avventure	aventurë (f)	[avεntúrə]
film (m) di fantascienza	fanta-shkencë (f)	[fánta-ʃkéntsə]
film (m) d'orrore	film horror (m)	[fílm horór]

film (m) comico	komedi (f)	[komεdí]
melodramma (m)	melodramë (f)	[mεlodrámə]
dramma (m)	dramë (f)	[drámə]

film (m) a soggetto	film fiktiv (m)	[fílm fiktív]
documentario (m)	dokumentar (m)	[dokumεntár]
cartoni (m pl) animati	film vizatimor (m)	[fílm vizatimór]
cinema (m) muto	filma pa zë (m)	[fílma pa zə]

parte (f)	rol (m)	[rol]
parte (f) principale	rol kryesor (m)	[rol kryεsór]
recitare (vi, vt)	luaj	[lúaj]

star (f), stella (f)	yll kinemaje (m)	[ył kinεmájε]
noto (agg)	i njohur	[i ɲóhur]
famoso (agg)	i famshëm	[i fámʃəm]
popolare (agg)	popullor	[popułór]

sceneggiatura (m)	skenar (m)	[skεnár]
sceneggiatore (m)	skenarist (m)	[skεnaríst]
regista (m)	regjisor (m)	[rεɟisór]
produttore (m)	producent (m)	[produtsént]
assistente (m)	ndihmës (m)	[ndíhməs]
cameraman (m)	kameraman (m)	[kamεramán]
cascatore (m)	dubla (f)	[dúbla]
controfigura (f)	dubla (f)	[dúbla]

girare un film	xhiroj film	[dʒirój film]
provino (m)	provë (f)	[próvə]
ripresa (f)	xhirim (m)	[dʒirím]
troupe (f) cinematografica	ekip kinematografik (m)	[εkíp kinεmatografík]
set (m)	set kinematografik (m)	[sεt kinεmatografík]
cinepresa (f)	kamerë (f)	[kamérə]

cinema (m) (~ all'aperto)	kinema (f)	[kinεmá]
schermo (m)	ekran (m)	[εkrán]
proiettare un film	shfaq film	[ʃfac film]

colonna (f) sonora	muzikë e filmit (f)	[muzíkə ε filmit]
effetti (m pl) speciali	efekte speciale (pl)	[εféktε spεtsiálε]

sottotitoli (m pl)	**titra** (pl)	[títra]
titoli (m pl) di coda	**lista e pjesëmarrësve** (f)	[lísta ɛ pjɛsəmárəsvɛ]
traduzione (f)	**përkthim** (m)	[pərkθím]

126. Pittura

arte (f)	**art** (m)	[art]
belle arti (f pl)	**artet e bukura** (pl)	[ártɛt ɛ búkura]
galleria (f) d'arte	**galeri arti** (f)	[galɛrí árti]
mostra (f)	**ekspozitë** (f)	[ɛkspozítə]

pittura (f)	**pikturë** (f)	[piktúrə]
grafica (f)	**art grafik** (m)	[árt grafík]
astrattismo (m)	**art abstrakt** (m)	[árt abstrákt]
impressionismo (m)	**impresionizëm** (m)	[imprɛsionízəm]

quadro (m)	**pikturë** (f)	[piktúrə]
disegno (m)	**vizatim** (m)	[vizatím]
cartellone, poster (m)	**poster** (m)	[postér]

illustrazione (f)	**ilustrim** (m)	[ilustrím]
miniatura (f)	**miniaturë** (f)	[miniatúrə]
copia (f)	**kopje** (f)	[kópjɛ]
riproduzione (f)	**riprodhim** (m)	[riproðím]

mosaico (m)	**mozaik** (m)	[mozaík]
vetrata (f)	**pikturë në dritare** (f)	[piktúrə nə dritárɛ]
affresco (m)	**afresk** (m)	[afrésk]
incisione (f)	**gravurë** (f)	[gravúrə]

busto (m)	**bust** (m)	[búst]
scultura (f)	**skulpturë** (f)	[skulptúrə]
statua (f)	**statujë** (f)	[statújə]
gesso (m)	**allçi** (f)	[ałtʃí]
in gesso	**me allçi**	[mɛ ałtʃí]

ritratto (m)	**portret** (m)	[portrét]
autoritratto (m)	**autoportret** (m)	[autoportrét]
paesaggio (m)	**peizazh** (m)	[pɛizáʒ]
natura (f) morta	**natyrë e qetë** (f)	[natýrə ɛ cétə]
caricatura (f)	**karikaturë** (f)	[karikatúrə]
abbozzo (m)	**skicë** (f)	[skítsə]

colore (m)	**bojë** (f)	[bójə]
acquerello (m)	**bojë uji** (f)	[bójə úji]
olio (m)	**bojë vaji** (f)	[bójə váji]
matita (f)	**laps** (m)	[láps]
inchiostro (m) di china	**bojë stilografi** (f)	[bójə stilográfi]
carbone (m)	**karbon** (m)	[karbón]

disegnare (a matita)	**vizatoj**	[vizatój]
dipingere (un quadro)	**pikturoj**	[pikturój]
posare (vi)	**pozoj**	[pozój]
modello (m)	**model** (m)	[modél]

modella (f)	modele (f)	[modélɛ]
pittore (m)	piktor (m)	[piktór]
opera (f) d'arte	vepër arti (f)	[vépər árti]
capolavoro (m)	kryevepër (f)	[kryɛvépər]
laboratorio (m) (di artigiano)	studio (f)	[stúdio]

tela (f)	kanavacë (f)	[kanavátsə]
cavalletto (m)	këmbalec (m)	[kəmbaléts]
tavolozza (f)	paletë (f)	[palétə]

cornice (f) (~ di un quadro)	kornizë (f)	[kornízə]
restauro (m)	restaurim (m)	[rɛstaurím]
restaurare (vt)	restauroj	[rɛstaurój]

127. Letteratura e poesia

letteratura (f)	letërsi (f)	[lɛtərsí]
autore (m)	autor (m)	[autór]
pseudonimo (m)	pseudonim (m)	[psɛudoním]

libro (m)	libër (m)	[líbər]
volume (m)	vëllim (m)	[vəɫím]
sommario (m), indice (m)	tabela e përmbajtjes (f)	[tabéla ɛ pərmbájtjɛs]
pagina (f)	faqe (f)	[fácɛ]
protagonista (m)	personazhi kryesor (m)	[pɛrsonáʒi kryɛsór]
autografo (m)	autograf (m)	[autográf]

racconto (m)	tregim i shkurtër (m)	[trɛgím i ʃkúrtər]
romanzo (m) breve	novelë (f)	[novélə]
romanzo (m)	roman (m)	[román]
opera (f) (~ letteraria)	vepër (m)	[vépər]
favola (f)	fabula (f)	[fábula]
giallo (m)	roman policesk (m)	[román politsésk]

verso (m)	vjershë (f)	[vjérʃə]
poesia (f) (~ lirica)	poezi (f)	[poɛzí]
poema (m)	poemë (f)	[poémə]
poeta (m)	poet (m)	[poét]

narrativa (f)	trillim (m)	[triɬím]
fantascienza (f)	fanta-shkencë (f)	[fánta-ʃkéntsə]
avventure (f pl)	aventurë (f)	[avɛntúrə]
letteratura (f) formativa	letërsi edukative (f)	[lɛtərsí ɛdukatívɛ]
libri (m pl) per l'infanzia	letërsi për fëmijë (f)	[lɛtərsí pər fəmíjə]

128. Circo

circo (m)	cirk (m)	[tsírk]
tendone (m) del circo	cirk udhëtues (m)	[tsírk uðətúɛs]
programma (m)	program (m)	[prográm]
spettacolo (m)	shfaqje (f)	[ʃfácjɛ]
numero (m)	akt (m)	[ákt]

arena (f)	arenë cirku (f)	[arénə tsírku]
pantomima (m)	pantomimë (f)	[pantomímə]
pagliaccio (m)	kloun (m)	[kloún]

acrobata (m)	akrobat (m)	[akrobát]
acrobatica (f)	akrobaci (f)	[akrobatsí]
ginnasta (m)	gjimnast (m)	[ɟimnást]
ginnastica (m)	gjimnastikë (f)	[ɟimnastíkə]
salto (m) mortale	salto (f)	[sálto]

forzuto (m)	atlet (m)	[atlét]
domatore (m)	zbutës (m)	[zbútəs]
cavallerizzo (m)	kalorës (m)	[kalórəs]
assistente (m)	ndihmës (m)	[ndíhməs]

acrobazia (f)	akrobaci (f)	[akrobatsí]
gioco (m) di prestigio	truk magjik (m)	[truk maɟík]
prestigiatore (m)	magjistar (m)	[maɟistár]

giocoliere (m)	zhongler (m)	[ʒoŋlér]
giocolare (vi)	luaj	[lúaj]
ammaestratore (m)	zbutës kafshësh (m)	[zbútəs káfʃəʃ]
ammaestramento (m)	zbutje kafshësh (f)	[zbútjɛ káfʃəʃ]
ammaestrare (vt)	stërvit	[stərvít]

129. Musica. Musica pop

musica (f)	muzikë (f)	[muzíkə]
musicista (m)	muzikant (m)	[muzikánt]
strumento (m) musicale	instrument muzikor (m)	[instrumént muzikór]
suonare ...	i bie ...	[i bíɛ ...]

chitarra (f)	kitarë (f)	[kitárə]
violino (m)	violinë (f)	[violínə]
violoncello (m)	violonçel (m)	[violontʃél]
contrabbasso (m)	kontrabas (m)	[kontrabás]
arpa (f)	lira (f)	[líra]

pianoforte (m)	piano (f)	[piáno]
pianoforte (m) a coda	pianoforte (f)	[pianofórtɛ]
organo (m)	organo (f)	[orgáno]

strumenti (m pl) a fiato	instrumente frymore (pl)	[instruméntɛ frymórɛ]
oboe (m)	oboe (f)	[obóɛ]
sassofono (m)	saksofon (m)	[saksofón]
clarinetto (m)	klarinetë (f)	[klarinétə]
flauto (m)	flaut (m)	[flaút]
tromba (f)	trombë (f)	[trómbə]

| fisarmonica (f) | fizarmonikë (f) | [fizarmoníkə] |
| tamburo (m) | daulle (f) | [daúɫɛ] |

| duetto (m) | duet (m) | [duét] |
| trio (m) | trio (f) | [trío] |

quartetto (m)	kuartet (m)	[kuartét]
coro (m)	kor (m)	[kor]
orchestra (f)	orkestër (f)	[orkéstər]

musica (f) pop	muzikë pop (f)	[muzíkə pop]
musica (f) rock	muzikë rok (m)	[muzíkə rok]
gruppo (m) rock	grup rok (m)	[grup rók]
jazz (m)	xhaz (m)	[dʒaz]

| idolo (m) | idhull (m) | [íðuɫ] |
| ammiratore (m) | admirues (m) | [admirúɛs] |

concerto (m)	koncert (m)	[kontsért]
sinfonia (f)	simfoni (f)	[simfoní]
composizione (f)	kompozicion (m)	[kompozitsión]
comporre (vt), scrivere (vt)	kompozoj	[kompozój]

canto (m)	këndim (m)	[kəndím]
canzone (f)	këngë (f)	[kéŋə]
melodia (f)	melodi (f)	[mɛlodí]
ritmo (m)	ritëm (m)	[rítəm]
blues (m)	bluz (m)	[blúz]

note (f pl)	partiturë (f)	[partitúrə]
bacchetta (f)	shkopi i dirigjimit (m)	[ʃkopi i diriɟímit]
arco (m)	hark (m)	[hárk]
corda (f)	tel (m)	[tɛl]
custodia (f) (~ della chitarra)	kuti (f)	[kutí]

Ristorante. Intrattenimento. Viaggi

130. Escursione. Viaggio

turismo (m)	turizëm (m)	[turízəm]
turista (m)	turist (m)	[turíst]
viaggio (m) (all'estero)	udhëtim (m)	[uðətím]
avventura (f)	aventurë (f)	[avɛntúrə]
viaggio (m) (corto)	udhëtim (m)	[uðətím]
vacanza (f)	pushim (m)	[puʃím]
essere in vacanza	jam me pushime	[jam mɛ puʃímɛ]
riposo (m)	pushim (m)	[puʃím]
treno (m)	tren (m)	[trɛn]
in treno	me tren	[mɛ trén]
aereo (m)	avion (m)	[avión]
in aereo	me avion	[mɛ avión]
in macchina	me makinë	[mɛ makínə]
in nave	me anije	[mɛ aníjɛ]
bagaglio (m)	bagazh (m)	[bagáʒ]
valigia (f)	valixhe (f)	[valídʒɛ]
carrello (m)	karrocë bagazhesh (f)	[karótsə bagáʒɛʃ]
passaporto (m)	pasaportë (f)	[pasapórtə]
visto (m)	vizë (f)	[vízə]
biglietto (m)	biletë (f)	[bilétə]
biglietto (m) aereo	biletë avioni (f)	[bilétə avióni]
guida (f)	guidë turistike (f)	[guídə turistíkɛ]
carta (f) geografica	hartë (f)	[hártə]
località (f)	zonë (f)	[zónə]
luogo (m)	vend (m)	[vɛnd]
ogetti (m pl) esotici	ekzotikë (f)	[ɛkzotíkə]
esotico (agg)	ekzotik	[ɛkzotík]
sorprendente (agg)	mahnitëse	[mahnítəsɛ]
gruppo (m)	grup (m)	[grup]
escursione (f)	ekskursion (m)	[ɛkskursión]
guida (f) (cicerone)	udhërrëfyes (m)	[uðərəfýɛs]

131. Hotel

albergo, hotel (m)	hotel (m)	[hotél]
motel (m)	motel (m)	[motél]
tre stelle	me tre yje	[mɛ trɛ ýjɛ]

| cinque stelle | me pesë yje | [mɛ pésə ýjɛ] |
| alloggiare (vi) | qëndroj | [cəndrój] |

camera (f)	dhomë (f)	[ðómə]
camera (f) singola	dhomë teke (f)	[ðómə tékɛ]
camera (f) doppia	dhomë dyshe (f)	[ðómə dýʃɛ]
prenotare una camera	rezervoj një dhomë	[rɛzɛrvój ɲə ðómə]

| mezza pensione (f) | gjysmë-pension (m) | [ɟýsmə-pɛnsión] |
| pensione (f) completa | pension i plotë (m) | [pɛnsión i plótə] |

con bagno	me banjo	[mɛ báɲo]
con doccia	me dush	[mɛ dúʃ]
televisione (f) satellitare	televizor satelitor (m)	[tɛlɛvizór satɛlitór]
condizionatore (m)	kondicioner (m)	[konditsionér]
asciugamano (m)	peshqir (m)	[pɛʃcír]
chiave (f)	çelës (m)	[tʃéləs]

amministratore (m)	administrator (m)	[administratór]
cameriera (f)	pastruese (f)	[pastrúɛsɛ]
portabagagli (m)	portier (m)	[portiér]
portiere (m)	portier (m)	[portiér]

ristorante (m)	restorant (m)	[rɛstoránt]
bar (m)	pab (m), pijetore (f)	[pab], [pijɛtórɛ]
colazione (f)	mëngjes (m)	[mənɟés]
cena (f)	darkë (f)	[dárkə]
buffet (m)	bufe (f)	[bufé]

| hall (f) (atrio d'ingresso) | holl (m) | [hoł] |
| ascensore (m) | ashensor (m) | [aʃɛnsór] |

| NON DISTURBARE | MOS SHQETËSONI | [mos ʃcɛtəsóni] |
| VIETATO FUMARE! | NDALOHET DUHANI | [ndalóhɛt duháni] |

132. Libri. Lettura

libro (m)	libër (m)	[líbər]
autore (m)	autor (m)	[autór]
scrittore (m)	shkrimtar (m)	[ʃkrimtár]
scrivere (vi, vt)	shkruaj	[ʃkrúaj]

lettore (m)	lexues (m)	[lɛdzúɛs]
leggere (vi, vt)	lexoj	[lɛdzój]
lettura (f) (sala di ~)	lexim (m)	[lɛdzím]

| in silenzio (leggere ~) | pa zë | [pa zə] |
| ad alta voce | me zë | [mɛ zə] |

pubblicare (vt)	botoj	[botój]
pubblicazione (f)	botim (m)	[botím]
editore (m)	botues (m)	[botúɛs]
casa (f) editrice	shtëpi botuese (f)	[ʃtəpí botúɛsɛ]
uscire (vi)	botohet	[botóhɛt]

| uscita (f) | botim (m) | [botím] |
| tiratura (f) | edicion (m) | [ɛditsión] |

| libreria (f) | librari (f) | [librarí] |
| biblioteca (f) | bibliotekë (f) | [bibliotékə] |

romanzo (m) breve	novelë (f)	[novélə]
racconto (m)	tregim i shkurtër (m)	[trɛgím i ʃkúrtər]
romanzo (m)	roman (m)	[román]
giallo (m)	roman policesk (m)	[román politsésk]

memorie (f pl)	kujtime (pl)	[kujtímɛ]
leggenda (f)	legjendë (f)	[lɛɟéndə]
mito (m)	mit (m)	[mit]

poesia (f), versi (m pl)	poezi (f)	[poɛzí]
autobiografia (f)	autobiografi (f)	[autobiografí]
opere (f pl) scelte	vepra të zgjedhura (f)	[vépra tə zɟéðura]
fantascienza (f)	fanta-shkencë (f)	[fánta-ʃkéntsə]

titolo (m)	titull (m)	[títuɫ]
introduzione (f)	hyrje (f)	[hýrjɛ]
frontespizio (m)	faqe e titullit (f)	[fácɛ ɛ títuɫit]

capitolo (m)	kreu (m)	[kréu]
frammento (m)	ekstrakt (m)	[ɛkstrákt]
episodio (m)	episod (m)	[ɛpisód]

soggetto (m)	fabul (f)	[fábul]
contenuto (m)	përmbajtje (f)	[pərmbájtjɛ]
sommario (m)	tabela e përmbajtjes (f)	[tabéla ɛ pərmbájtjɛs]
protagonista (m)	personazhi kryesor (m)	[pɛrsonáʒi kryɛsór]

volume (m)	vëllim (m)	[vəɫím]
copertina (f)	kopertinë (f)	[kopɛrtínə]
rilegatura (f)	libërlidhje (f)	[libərlíðjɛ]
segnalibro (m)	shënjim (m)	[ʃəɲím]

pagina (f)	faqe (f)	[fácɛ]
sfogliare (~ le pagine)	kaloj faqet	[kalój fácɛt]
margini (m pl)	margjinat (pl)	[marɟínat]
annotazione (f)	shënim (m)	[ʃəním]
nota (f) (a fondo pagina)	fusnotë (f)	[fusnótə]

testo (m)	tekst (m)	[tɛkst]
carattere (m)	lloji i shkrimit (m)	[ɫóji i ʃkrímit]
refuso (m)	gabim ortografik (m)	[gabím ortografík]

traduzione (f)	përkthim (m)	[pərkθím]
tradurre (vt)	përkthej	[pərkθéj]
originale (m) (leggere l'~)	origjinal (m)	[oriɟinál]

famoso (agg)	i famshëm	[i fámʃəm]
sconosciuto (agg)	i panjohur	[i paɲóhur]
interessante (agg)	interesant	[intɛrɛsánt]
best seller (m)	libër më i shitur (m)	[líbər mə i ʃítur]

dizionario (m)	fjalor (m)	[fjalór]
manuale (m)	tekst mësimor (m)	[tɛkst məsimór]
enciclopedia (f)	enciklopedi (f)	[ɛntsiklopɛdí]

133. Caccia. Pesca

caccia (f)	gjueti (f)	[ɟuɛtí]
cacciare (vt)	dal për gjah	[dál pər ɟáh]
cacciatore (m)	gjahtar (m)	[ɟahtár]

sparare (vi)	qëlloj	[cəɫój]
fucile (m)	pushkë (f)	[púʃkə]
cartuccia (f)	fishek (m)	[fiʃék]
pallini (m pl) da caccia	plumb (m)	[plúmb]

tagliola (f) (~ per orsi)	grackë (f)	[grátskə]
trappola (f) (~ per uccelli)	kurth (m)	[kurθ]
cadere in trappola	bie në grackë	[bíɛ nə grátskə]
tendere una trappola	ngre grackë	[ŋré grátskə]

bracconiere (m)	gjahtar i jashtëligjshëm (m)	[ɟahtár i jaʃtəliɟʃəm]
cacciagione (m)	gjah (m)	[ɟáh]
cane (m) da caccia	zagar (m)	[zagár]
safari (m)	safari (m)	[safári]
animale (m) impagliato	kafshë e balsamosur (f)	[káfʃə ɛ balsamósur]

pescatore (m)	peshkatar (m)	[pɛʃkatár]
pesca (f)	peshkim (m)	[pɛʃkím]
pescare (vi)	peshkoj	[pɛʃkój]

canna (f) da pesca	kallam peshkimi (m)	[kaɫám pɛʃkími]
lenza (f)	tojë peshkimi (f)	[tójə pɛʃkími]
amo (m)	grep (m)	[grép]

| galleggiante (m) | tapë (f) | [tápə] |
| esca (f) | karrem (m) | [karém] |

| lanciare la canna | hedh grepin | [hɛð grépin] |
| abboccare (pesce) | bie në grep | [bíɛ nə grép] |

| pescato (m) | kapje peshku (f) | [kápjɛ péʃku] |
| buco (m) nel ghiaccio | vrimë në akull (f) | [vrímə nə ákuɫ] |

| rete (f) | rrjetë peshkimi (f) | [rjétə pɛʃkími] |
| barca (f) | varkë (f) | [várkə] |

prendere con la rete	peshkoj me rrjeta	[pɛʃkój mɛ rjéta]
gettare la rete	hedh rrjetat	[hɛð rjétat]
tirare le reti	tërheq rrjetat	[tərhéc rjétat]
cadere nella rete	bie në rrjetë	[bíɛ nə rjétə]

baleniere (m)	gjuetar balenash (m)	[ɟuɛtár balénaʃ]
baleniera (f) (nave)	balenagjuajtëse (f)	[balɛnaɟúajtəsɛ]
rampone (m)	fuzhnjë (f)	[fúʒɲə]

134. Ciochi. Biliardo

biliardo (m)	bilardo (f)	[bilárdo]
sala (f) da biliardo	sallë bilardosh (f)	[sálə bilárdoʃ]
bilia (f)	bile (f)	[bílɛ]
imbucare (vt)	fus në vrimë	[fús nə vrímə]
stecca (f) da biliardo	stekë (f)	[stékə]
buca (f)	xhep (m), vrimë (f)	[dʒɛp], [vrímə]

135. Giochi. Carte da gioco

quadri (m pl)	karo (f)	[káro]
picche (f pl)	maç (m)	[matʃ]
cuori (m pl)	kupë (f)	[kúpə]
fiori (m pl)	spathi (m)	[spáθi]
asso (m)	as (m)	[ás]
re (m)	mbret (m)	[mbrét]
donna (f)	mbretëreshë (f)	[mbrɛtəréʃə]
fante (m)	fant (m)	[fant]
carta (f) da gioco	letër (f)	[létər]
carte (f pl)	letrat (pl)	[létrat]
briscola (f)	letër e fortë (f)	[létər ɛ fórtə]
mazzo (m) di carte	set letrash (m)	[sɛt létraʃ]
punto (m)	pikë (f)	[píkə]
dare le carte	ndaj	[ndáj]
mescolare (~ le carte)	përziej	[pərzíɛj]
turno (m)	radha (f)	[ráða]
baro (m)	mashtrues (m)	[maʃtrúɛs]

136. Riposo. Giochi. Varie

passeggiare (vi)	shëtitem	[ʃətítɛm]
passeggiata (f)	shëtitje (f)	[ʃətítjɛ]
gita (f)	xhiro me makinë (f)	[dʒíro mɛ makínə]
avventura (f)	aventurë (f)	[avɛntúrə]
picnic (m)	piknik (m)	[pikník]
gioco (m)	lojë (f)	[lójə]
giocatore (m)	lojtar (m)	[lojtár]
partita (f) (~ a scacchi)	një lojë (f)	[ɲə lójə]
collezionista (m)	koleksionist (m)	[kolɛksioníst]
collezionare (vt)	koleksionoj	[kolɛksionój]
collezione (f)	koleksion (m)	[kolɛksión]
cruciverba (m)	fjalëkryq (m)	[fjaləkrýc]
ippodromo (m)	hipodrom (m)	[hipodróm]

discoteca (f)	disko (f)	[dísko]
sauna (f)	sauna (f)	[saúna]
lotteria (f)	lotari (f)	[lotarí]

campeggio (m)	kamping (m)	[kampíŋ]
campo (m)	kamp (m)	[kamp]
tenda (f) da campeggio	çadër kampingu (f)	[tʃádər kampíŋu]
bussola (f)	kompas (m)	[kompás]
campeggiatore (m)	kampinist (m)	[kampiníst]

guardare (~ un film)	shikoj	[ʃikój]
telespettatore (m)	teleshikues (m)	[tɛlɛʃikúɛs]
trasmissione (f)	program televiziv (m)	[prográm tɛlɛvizív]

137. Fotografia

| macchina (f) fotografica | aparat fotografik (m) | [aparát fotografík] |
| fotografia (f) | foto (f) | [fóto] |

fotografo (m)	fotograf (m)	[fotográf]
studio (m) fotografico	studio fotografike (f)	[stúdio fotografíkɛ]
album (m) di fotografie	album fotografik (m)	[albúm fotografík]

obiettivo (m)	objektiv (m)	[objɛktív]
teleobiettivo (m)	teleobjektiv (m)	[tɛlɛobjɛktív]
filtro (m)	filtër (m)	[fíltər]
lente (f)	lente (f)	[léntɛ]

ottica (f)	optikë (f)	[optíkə]
diaframma (m)	diafragma (f)	[diafrágma]
tempo (m) di esposizione	koha e ekspozimit (f)	[kóha ɛ ɛkspozímit]
mirino (m)	tregues i kuadrit (m)	[trɛgúɛs i kuádrit]

fotocamera (f) digitale	kamerë digjitale (f)	[kamérə diʝitálɛ]
cavalletto (m)	tripod (m)	[tripód]
flash (m)	blic (m)	[blits]

fotografare (vt)	fotografoj	[fotografój]
fare foto	bëj foto	[bəj fóto]
fotografarsi	bëj fotografi	[bəj fotografí]

fuoco (m)	fokus (m)	[fokús]
mettere a fuoco	fokusoj	[fokusój]
nitido (agg)	i qartë	[i cártə]
nitidezza (f)	qartësi (f)	[cartəsí]

| contrasto (m) | kontrast (m) | [kontrást] |
| contrastato (agg) | me kontrast | [mɛ kontrást] |

foto (f)	foto (f)	[fóto]
negativa (f)	negativ (m)	[nɛgatív]
pellicola (f) fotografica	film negativash (m)	[fílm nɛgatívaʃ]
fotogramma (m)	imazh (m)	[imáʒ]
stampare (~ le foto)	printoj	[printój]

138. Spiaggia. Nuoto

spiaggia (f)	plazh (m)	[plaʒ]
sabbia (f)	rërë (f)	[rérǝ]
deserto (agg)	plazh i shkretë	[plaʒ i ʃkrétǝ]
abbronzatura (f)	nxirje nga dielli (f)	[ndzírjɛ ŋa díɛti]
abbronzarsi (vr)	nxihem	[ndzíhɛm]
abbronzato (agg)	i nxirë	[i ndzírǝ]
crema (f) solare	krem dielli (f)	[krɛm díɛti]
bikini (m)	bikini (m)	[bikíni]
costume (m) da bagno	rrobë banje (f)	[róbǝ báɲɛ]
slip (m) da bagno	mbathje banjo (f)	[mbáθjɛ báɲo]
piscina (f)	pishinë (f)	[piʃínǝ]
nuotare (vi)	notoj	[notój]
doccia (f)	dush (m)	[duʃ]
cambiarsi (~ i vestiti)	ndërroj	[ndǝrój]
asciugamano (m)	peshqir (m)	[pɛʃcír]
barca (f)	varkë (f)	[várkǝ]
motoscafo (m)	skaf (m)	[skaf]
sci (m) nautico	ski ujor (m)	[ski ujór]
pedalò (m)	varkë me pedale (f)	[várkǝ mɛ pɛdálɛ]
surf (m)	surf (m)	[surf]
surfista (m)	surfist (m)	[surfíst]
autorespiratore (m)	komplet për skuba (f)	[komplét pǝr skúba]
pinne (f pl)	këmbale noti (pl)	[kǝmbálɛ nóti]
maschera (f)	maskë (f)	[máskǝ]
subacqueo (m)	zhytës (m)	[ʒýtǝs]
tuffarsi (vr)	zhytem	[ʒýtɛm]
sott'acqua	nën ujë	[nǝn újǝ]
ombrellone (m)	çadër plazhi (f)	[tʃádǝr pláʒi]
sdraio (f)	shezlong (m)	[ʃɛzlón]
occhiali (m pl) da sole	syze dielli (f)	[sýzɛ diɛ́ti]
materasso (m) ad aria	dyshek me ajër (m)	[dyʃék mɛ ájǝr]
giocare (vi)	loz	[loz]
fare il bagno	notoj	[notój]
pallone (m)	top plazhi (m)	[top pláʒi]
gonfiare (vt)	fryj	[fryj]
gonfiabile (agg)	që fryhet	[cǝ frýhɛt]
onda (f)	dallgë (f)	[dáłgǝ]
boa (f)	tapë (f)	[tápǝ]
annegare (vi)	mbytem	[mbýtɛm]
salvare (vt)	shpëtoj	[ʃpǝtój]
giubbotto (m) di salvataggio	jelek shpëtimi (m)	[jɛlék ʃpǝtími]
osservare (vt)	vëzhgoj	[vǝʒgój]
bagnino (m)	rojë bregdetare (m)	[rójǝ brɛgdɛtárɛ]

ATTREZZATURA TECNICA. MEZZI DI TRASPORTO

Attrezzatura tecnica

139. Computer

| computer (m) | kompjuter (m) | [kompjutér] |
| computer (m) portatile | laptop (m) | [laptóp] |

| accendere (vt) | ndez | [ndɛz] |
| spegnere (vt) | fik | [fik] |

tastiera (f)	tastiera (f)	[tastiéra]
tasto (m)	çelës (m)	[tʃéləs]
mouse (m)	maus (m)	[máus]
tappetino (m) del mouse	shtroje e mausit (f)	[ʃtrójɛ ɛ máusit]

| tasto (m) | buton (m) | [butón] |
| cursore (m) | kursor (m) | [kursór] |

| monitor (m) | monitor (m) | [monitór] |
| schermo (m) | ekran (m) | [ɛkrán] |

disco (m) rigido	hard disk (m)	[hárd dísk]
spazio (m) sul disco rigido	kapaciteti i hard diskut (m)	[kapatsitéti i hárd dískut]
memoria (f)	memorie (f)	[mɛmóriɛ]
memoria (f) operativa	memorie operative (f)	[mɛmóriɛ opɛratívɛ]

file (m)	skedë (f)	[skédə]
cartella (f)	dosje (f)	[dósjɛ]
aprire (vt)	hap	[hap]
chiudere (vt)	mbyll	[mbyɬ]

salvare (vt)	ruaj	[rúaj]
eliminare (vt)	fshij	[fʃíj]
copiare (vt)	kopjoj	[kopjój]
ordinare (vt)	sistemoj	[sistɛmój]
trasferire (vt)	transferoj	[transfɛrój]

programma (m)	program (m)	[prográm]
software (m)	softuer (f)	[softuér]
programmatore (m)	programues (m)	[programúɛs]
programmare (vt)	programoj	[programój]

hacker (m)	haker (m)	[hakér]
password (f)	fjalëkalim (m)	[fjaləkalím]
virus (m)	virus (m)	[virús]
trovare (un virus, ecc.)	zbuloj	[zbulój]
byte (m)	bajt (m)	[bájt]

megabyte (m)	megabajt (m)	[mɛgabájt]
dati (m pl)	të dhënat (pl)	[tə ðə́nat]
database (m)	databazë (f)	[databázə]

cavo (m)	kabllo (f)	[kábɫo]
sconnettere (vt)	shkëpus	[ʃkəpús]
collegare (vt)	lidh	[lið]

140. Internet. Posta elettronica

internet (f)	internet (m)	[intɛrnét]
navigatore (m)	shfletues (m)	[ʃflɛtúɛs]
motore (m) di ricerca	makineri kërkimi (f)	[makinɛrí kərkími]
provider (m)	ofrues (m)	[ofrúɛs]

webmaster (m)	uebmaster (m)	[uɛbmástɛr]
sito web (m)	ueb-faqe (f)	[uéb-fácɛ]
pagina web (f)	ueb-faqe (f)	[uéb-fácɛ]

| indirizzo (m) | adresë (f) | [adrésə] |
| rubrica (f) indirizzi | libërth adresash (m) | [líbərθ adrésaʃ] |

casella (f) di posta	kuti postare (f)	[kutí postárɛ]
posta (f)	postë (f)	[póstə]
troppo piena (agg)	i mbushur	[i mbúʃur]

messaggio (m)	mesazh (m)	[mɛsáʒ]
messaggi (m pl) in arrivo	mesazhe të ardhura (pl)	[mɛsáʒɛ tə árðura]
messaggi (m pl) in uscita	mesazhe të dërguara (pl)	[mɛsáʒɛ tə dərgúara]

mittente (m)	dërguesi (m)	[dərgúɛsi]
inviare (vt)	dërgoj	[dərgój]
invio (m)	dërgesë (f)	[dərgésə]

| destinatario (m) | pranues (m) | [pranúɛs] |
| ricevere (vt) | pranoj | [pranój] |

| corrispondenza (f) | korrespondencë (f) | [korɛspondéntsə] |
| essere in corrispondenza | komunikim | [komunikím] |

file (m)	skedë (f)	[skédə]
scaricare (vt)	shkarkoj	[ʃkarkój]
creare (vt)	krijoj	[krijój]
eliminare (vt)	fshij	[fʃíj]
eliminato (agg)	e fshirë	[ɛ fʃírə]

connessione (f)	lidhje (f)	[líðjɛ]
velocità (f)	shpejtësi (f)	[ʃpɛjtəsí]
modem (m)	modem (m)	[modém]
accesso (m)	hyrje (f)	[hýrjɛ]
porta (f)	port (m)	[port]

| collegamento (m) | lidhje (f) | [líðjɛ] |
| collegarsi a ... | lidhem me ... | [líðɛm mɛ ...] |

| scegliere (vt) | përzgjedh | [pərzʝéð] |
| cercare (vt) | kërkoj ... | [kərkój ...] |

Mezzi di trasporto

141. Aeroplano

aereo (m)	avion (m)	[avión]
biglietto (m) aereo	biletë avioni (f)	[bilétǝ avióni]
compagnia (f) aerea	kompani ajrore (f)	[kompaní ajrórɛ]
aeroporto (m)	aeroport (m)	[aɛropórt]
supersonico (agg)	supersonik	[supɛrsoník]
comandante (m)	kapiten (m)	[kapitén]
equipaggio (m)	ekip (m)	[ɛkíp]
pilota (m)	pilot (m)	[pilót]
hostess (f)	stjuardesë (f)	[stjuardésǝ]
navigatore (m)	navigues (m)	[navigúɛs]
ali (f pl)	krahë (pl)	[kráhǝ]
coda (f)	bisht (m)	[biʃt]
cabina (f)	kabinë (f)	[kabínǝ]
motore (m)	motor (m)	[motór]
carrello (m) d'atterraggio	karrel (m)	[karél]
turbina (f)	turbinë (f)	[turbínǝ]
elica (f)	helikë (f)	[hɛlíkǝ]
scatola (f) nera	kuti e zezë (f)	[kutí ɛ zézǝ]
barra (f) di comando	timon (m)	[timón]
combustibile (m)	karburant (m)	[karburánt]
safety card (f)	udhëzime sigurie (pl)	[uðǝzímɛ siguríɛ]
maschera (f) ad ossigeno	maskë oksigjeni (f)	[máskǝ oksiɟéni]
uniforme (f)	uniformë (f)	[unifórmǝ]
giubbotto (m) di salvataggio	jelek shpëtimi (m)	[jɛlék ʃpǝtími]
paracadute (m)	parashutë (f)	[paraʃútǝ]
decollo (m)	ngritje (f)	[ŋrítjɛ]
decollare (vi)	fluturon	[fluturón]
pista (f) di decollo	pista e fluturimit (f)	[písta ɛ fluturímit]
visibilità (f)	shikueshmëri (f)	[ʃikuɛʃmǝrí]
volo (m)	fluturim (m)	[fluturím]
altitudine (f)	lartësi (f)	[lartǝsí]
vuoto (m) d'aria	xhep ajri (m)	[dʒɛp ájri]
posto (m)	karrige (f)	[karígɛ]
cuffia (f)	kufje (f)	[kúfjɛ]
tavolinetto (m) pieghevole	tabaka (f)	[tabaká]
oblò (m), finestrino (m)	dritare avioni (f)	[dritárɛ avióni]
corridoio (m)	korridor (m)	[koridór]

142. Treno

treno (m)	tren (m)	[trɛn]
elettrotreno (m)	tren elektrik (m)	[trɛn ɛlɛktrík]
treno (m) rapido	tren ekspres (m)	[trɛn ɛksprés]
locomotiva (f) diesel	lokomotivë me naftë (f)	[lokomótivə mɛ náftə]
locomotiva (f) a vapore	lokomotivë me avull (f)	[lokomótivə mɛ ávuɫ]

| carrozza (f) | vagon (m) | [vagón] |
| vagone (m) ristorante | vagon restorant (m) | [vagón rɛstoránt] |

rotaie (f pl)	shina (pl)	[ʃína]
ferrovia (f)	hekurudhë (f)	[hɛkurúðə]
traversa (f)	traversë (f)	[travérsə]

banchina (f) (~ ferroviaria)	platformë (f)	[platfórmə]
binario (m) (~ 1, 2)	binar (m)	[binár]
semaforo (m)	semafor (m)	[sɛmafór]
stazione (f)	stacion (m)	[statsión]

macchinista (m)	makinist (m)	[makiníst]
portabagagli (m)	portier (m)	[portiér]
cuccettista (m, f)	konduktor (m)	[konduktór]
passeggero (m)	pasagjer (m)	[pasaɟér]
controllore (m)	konduktor (m)	[konduktór]

| corridoio (m) | korridor (m) | [koridór] |
| freno (m) di emergenza | frena urgjence (f) | [fréna urɟéntsɛ] |

scompartimento (m)	ndarje (f)	[ndárjɛ]
cuccetta (f)	kat (m)	[kat]
cuccetta (f) superiore	kati i sipërm (m)	[káti i sípərm]
cuccetta (f) inferiore	kati i poshtëm (m)	[káti i póʃtəm]
biancheria (f) da letto	shtroje shtrati (pl)	[ʃtrójɛ ʃtráti]

biglietto (m)	biletë (f)	[bilétə]
orario (m)	orar (m)	[orár]
tabellone (m) orari	tabelë e informatave (f)	[tabélə ɛ informátavɛ]

partire (vi)	niset	[nísɛt]
partenza (f)	nisje (f)	[nísjɛ]
arrivare (di un treno)	arrij	[aríj]
arrivo (m)	arritje (f)	[arítjɛ]

arrivare con il treno	arrij me tren	[aríj mɛ trɛn]
salire sul treno	hip në tren	[hip nə trén]
scendere dal treno	zbres nga treni	[zbrɛs ŋa tréni]

| deragliamento (m) | aksident hekurudhor (m) | [aksidént hɛkuruðór] |
| deragliare (vi) | del nga shinat | [dɛl ŋa ʃínat] |

locomotiva (f) a vapore	lokomotivë me avull (f)	[lokomótivə mɛ ávuɫ]
fuochista (m)	mbikëqyrës i zjarrit (m)	[mbikəcýrəs i zjárit]
forno (m)	furrë (f)	[fúrə]
carbone (m)	qymyr (m)	[cymýr]

143. Nave

nave (f)	anije (f)	[aníjɛ]
imbarcazione (f)	mjet lundrues (m)	[mjét lundrúɛs]
piroscafo (m)	anije me avull (f)	[aníjɛ mɛ ávuł]
barca (f) fluviale	anije lumi (f)	[aníjɛ lúmi]
transatlantico (m)	krocierë (f)	[krotsiérə]
incrociatore (m)	anije luftarake (f)	[aníjɛ luftarákɛ]
yacht (m)	jaht (m)	[jáht]
rimorchiatore (m)	anije rimorkiuese (f)	[aníjɛ rimorkiúɛsɛ]
chiatta (f)	anije transportuese (f)	[aníjɛ transportúɛsɛ]
traghetto (m)	traget (m)	[tragét]
veliero (m)	anije me vela (f)	[aníjɛ mɛ véla]
brigantino (m)	brigantinë (f)	[brigantínə]
rompighiaccio (m)	akullthyese (f)	[akułθýɛsɛ]
sottomarino (m)	nëndetëse (f)	[nəndétəsɛ]
barca (f)	barkë (f)	[bárkə]
scialuppa (f)	gomone (f)	[gomónɛ]
scialuppa (f) di salvataggio	varkë shpëtimi (f)	[várkə ʃpətími]
motoscafo (m)	skaf (m)	[skaf]
capitano (m)	kapiten (m)	[kapitén]
marittimo (m)	marinar (m)	[marinár]
marinaio (m)	marinar (m)	[marinár]
equipaggio (m)	ekip (m)	[ɛkíp]
nostromo (m)	kryemarinar (m)	[kryɛmarinár]
mozzo (m) di nave	djali i anijes (m)	[djáli i aníjɛs]
cuoco (m)	kuzhinier (m)	[kuʒiniér]
medico (m) di bordo	doktori i anijes (m)	[doktóri i aníjɛs]
ponte (m)	kuverta (f)	[kuvérta]
albero (m)	direk (m)	[dirék]
vela (f)	vela (f)	[véla]
stiva (f)	bagazh (m)	[bagáʒ]
prua (f)	harku sipëror (m)	[hárku sipərór]
poppa (f)	pjesa e pasme (f)	[pjésa ɛ pásmɛ]
remo (m)	rrem (m)	[rɛm]
elica (f)	helikë (f)	[hɛlíkə]
cabina (f)	kabinë (f)	[kabínə]
quadrato (m) degli ufficiali	zyrë e oficerëve (m)	[zýrə ɛ ofitsérəvɛ]
sala (f) macchine	salla e motorit (m)	[sáła ɛ motórit]
ponte (m) di comando	urë komanduese (f)	[úrə komandúɛsɛ]
cabina (f) radiotelegrafica	kabina radiotelegrafike (f)	[kabína radiotɛlɛgrafíkɛ]
onda (f)	valë (f)	[válə]
giornale (m) di bordo	libri i shënimeve (m)	[líbri i ʃənímɛvɛ]
cannocchiale (m)	dylbi (f)	[dylbí]
campana (f)	këmbanë (f)	[kəmbánə]

bandiera (f)	flamur (m)	[flamúr]
cavo (m) (~ d'ormeggio)	pallamar (m)	[paɫamár]
nodo (m)	nyjë (f)	[nýjə]

ringhiera (f)	parmakë (pl)	[parmákə]
passerella (f)	shkallë (f)	[ʃkáɫə]

ancora (f)	spirancë (f)	[spirántsə]
levare l'ancora	ngre spirancën	[ŋré spirántsən]
gettare l'ancora	hedh spirancën	[hɛð spirántsən]
catena (f) dell'ancora	zinxhir i spirancës (m)	[zindʒír i spirántsəs]

porto (m)	port (m)	[port]
banchina (f)	skelë (f)	[skélə]
ormeggiarsi (vr)	ankoroj	[ankorój]
salpare (vi)	niset	[nísɛt]

viaggio (m)	udhëtim (m)	[uðətím]
crociera (f)	udhëtim me krocierë (f)	[uðətím mɛ krotsiérə]
rotta (f)	kursi i udhëtimit (m)	[kúrsi i uðətímit]
itinerario (m)	itinerar (m)	[itinɛrár]

tratto (m) navigabile	ujëra të lundrueshme (f)	[újəra tə lundrúɛʃmɛ]
secca (f)	cekëtinë (f)	[tsɛkətínə]
arenarsi (vr)	bllokohet në rërë	[bɫokóhɛt nə rərə]

tempesta (f)	stuhi (f)	[stuhí]
segnale (m)	sinjal (m)	[siɲál]
affondare (andare a fondo)	fundoset	[fundósɛt]
Uomo in mare!	Njeri në det!	[ɲɛrí nə dɛt!]
SOS	SOS (m)	[sos]
salvagente (m) anulare	bovë shpëtuese (f)	[bóvə ʃpətúɛsɛ]

144. Aeroporto

aeroporto (m)	aeroport (m)	[aɛropórt]
aereo (m)	avion (m)	[avión]
compagnia (f) aerea	kompani ajrore (f)	[kompaní ajrórɛ]
controllore (m) di volo	kontroll i trafikut ajror (m)	[kontróɫ i trafíkut ajrór]

partenza (f)	nisje (f)	[nísjɛ]
arrivo (m)	arritje (f)	[arítjɛ]
arrivare (vi)	arrij me avion	[aríj mɛ avión]

ora (f) di partenza	nisja (f)	[nísja]
ora (f) di arrivo	arritja (f)	[arítja]

essere ritardato	vonesë	[vonésə]
volo (m) ritardato	vonesë avioni (f)	[vonésə avióni]

tabellone (m) orari	ekrani i informacioneve (m)	[ɛkráni i informatsiónɛvɛ]
informazione (f)	informacion (m)	[informatsión]
annunciare (vt)	njoftoj	[ɲoftój]
volo (m)	fluturim (m)	[fluturím]

| dogana (f) | doganë (f) | [dogánə] |
| doganiere (m) | doganier (m) | [doganiér] |

dichiarazione (f)	deklarim doganor (m)	[dɛklarím doganór]
riempire	plotësoj	[plotəsój]
(~ una dichiarazione)		
riempire una dichiarazione	plotësoj deklaratën	[plotəsój dɛklarátən]
controllo (m) passaporti	kontroll pasaportash (m)	[kontrół pasapórtaʃ]

bagaglio (m)	bagazh (m)	[bagáʒ]
bagaglio (m) a mano	bagazh dore (m)	[bagáʒ dórɛ]
carrello (m)	karrocë bagazhesh (f)	[karótsə bagáʒeʃ]

atterraggio (m)	aterrim (m)	[atɛrím]
pista (f) di atterraggio	pistë aterrimi (f)	[pístə atɛrími]
atterrare (vi)	aterroj	[atɛrój]
scaletta (f) dell'aereo	shkallë avioni (f)	[ʃkáłə avióni]

check-in (m)	regjistrim (m)	[rɛɟistrím]
banco (m) del check-in	sportel regjistrimi (m)	[sportél rɛɟistrími]
fare il check-in	regjistrohem	[rɛɟistróhɛm]
carta (f) d'imbarco	biletë e hyrjes (f)	[bilétə ɛ hýrjɛs]
porta (f) d'imbarco	porta e nisjes (f)	[pórta ɛ nísjɛs]

transito (m)	transit (m)	[transít]
aspettare (vt)	pres	[prɛs]
sala (f) d'attesa	salla e nisjes (f)	[sáła ɛ nísjɛs]
accompagnare (vt)	përcjell	[pərtsjéł]
congedarsi (vr)	përshëndetem	[pərʃəndétɛm]

145. Bicicletta. Motocicletta

bicicletta (f)	biçikletë (f)	[bitʃiklétə]
motorino (m)	skuter (m)	[skutér]
motocicletta (f)	motoçikletë (f)	[mototʃiklétə]

andare in bicicletta	shkoj me biçikletë	[ʃkoj mɛ bitʃiklétə]
manubrio (m)	timon (m)	[timón]
pedale (m)	pedale (f)	[pɛdálɛ]
freni (m pl)	frenat (pl)	[frénat]
sellino (m)	shalë (f)	[ʃálə]

pompa (f)	pompë (f)	[pómpə]
portabagagli (m)	mbajtëse (f)	[mbájtəsɛ]
fanale (m) anteriore	drita e përparme (f)	[dríta ɛ pərpármɛ]
casco (m)	helmetë (f)	[hɛlmétə]

ruota (f)	rrotë (f)	[rótə]
parafango (m)	parafango (f)	[parafáŋo]
cerchione (m)	rreth i jashtëm i rrotës (m)	[rɛθ i jáʃtəm i rótəs]
raggio (m)	telat e diskut (m)	[télat ɛ dískut]

Automobili

146. Tipi di automobile

automobile (f)	makinë (f)	[makínə]
auto (f) sportiva	makinë sportive (f)	[makínə sportívɛ]
limousine (f)	limuzinë (f)	[limuzínə]
fuoristrada (m)	fuoristradë (f)	[fuoristrádə]
cabriolet (m)	kabriolet (m)	[kabriolét]
pulmino (m)	furgon (m)	[furgón]
ambulanza (f)	ambulancë (f)	[ambulántsə]
spazzaneve (m)	borëpastruese (f)	[borəpastrúɛsɛ]
camion (m)	kamion (m)	[kamión]
autocisterna (f)	autocisternë (f)	[autotsistérnə]
furgone (m)	furgon mallrash (m)	[furgón mátraʃ]
motrice (f)	kamionçinë (f)	[kamiontʃínə]
rimorchio (m)	rimorkio (f)	[rimórkio]
confortevole (agg)	i rehatshëm	[i rɛhátʃəm]
di seconda mano	i përdorur	[i pərdórur]

147. Automobili. Carrozzeria

cofano (m)	kofano (f)	[kófano]
parafango (m)	parafango (f)	[parafáŋo]
tetto (m)	çati (f)	[tʃatí]
parabrezza (m)	xham i përparmë (m)	[dʒam i pərpármə]
retrovisore (m)	pasqyrë për prapa (f)	[pascýrə pər prápa]
lavacristallo (m)	larëse xhami (f)	[lárəsɛ dʒámi]
tergicristallo (m)	fshirëse xhami (f)	[fʃírəsɛ dʒámi]
finestrino (m) laterale	xham anësor (m)	[dʒam anəsór]
alzacristalli (m)	levë xhami (f)	[lévə dʒámi]
antenna (f)	antenë (f)	[anténə]
tettuccio (m) apribile	çati diellore (f)	[tʃatí diɛtórɛ]
paraurti (m)	parakolp (m)	[parakólp]
bagagliaio (m)	bagazh (m)	[bagáʒ]
portapacchi (m)	bagazh mbi çati (m)	[bagáʒ mbi tʃatí]
portiera (f)	derë (f)	[dérə]
maniglia (f)	doreza e derës (m)	[doréza ɛ dérəs]
serratura (f)	kyç (m)	[kytʃ]
targa (f)	targë makine (f)	[tárgə makínɛ]
marmitta (f)	silenciator (m)	[silɛntsiatór]

serbatoio (m) della benzina	serbator (m)	[sɛrbatór]
tubo (m) di scarico	tub shkarkimi (m)	[tub ʃkarkími]
acceleratore (m)	gaz (m)	[gaz]
pedale (m)	këmbëz (f)	[kémbəz]
pedale (m) dell'acceleratore	pedal i gazit (m)	[pɛdál i gázit]
freno (m)	freni (m)	[fréni]
pedale (m) del freno	pedal i frenave (m)	[pɛdál i frénavɛ]
frenare (vi)	frenoj	[frɛnój]
freno (m) a mano	freni i dorës (m)	[fréni i dórəs]
frizione (f)	friksion (m)	[friksión]
pedale (m) della frizione	pedal i friksionit (m)	[pɛdál i friksiónit]
disco (m) della frizione	disk i friksionit (m)	[dísk i friksiónit]
ammortizzatore (m)	amortizator (m)	[amortizatór]
ruota (f)	rrotë (f)	[rótə]
ruota (f) di scorta	gomë rezervë (f)	[gómə rɛzérvə]
pneumatico (m)	gomë (f)	[gómə]
copriruota (m)	mbulesë gome (f)	[mbulésə gómɛ]
ruote (f pl) motrici	rrota makine (f)	[róta makínɛ]
a trazione anteriore	me rrotat e përparme	[mɛ rotat ɛ pərpármɛ]
a trazione posteriore	me rrotat e pasme	[mɛ rótat ɛ pásmɛ]
a trazione integrale	me të gjitha rrotat	[mɛ tə ɟíθa rótat]
scatola (f) del cambio	kutia e marsheve (f)	[kutía ɛ márʃɛvɛ]
automatico (agg)	automatik	[automatík]
meccanico (agg)	mekanik	[mɛkaník]
leva (f) del cambio	levë e marshit (f)	[lévə ɛ márʃit]
faro (m)	dritë e përparme (f)	[drítə ɛ pərpármɛ]
luci (f pl), fari (m pl)	dritat e përparme (pl)	[drítat ɛ pərpármɛ]
luci (f pl) anabbaglianti	dritat e shkurtra (pl)	[drítat ɛ ʃkúrtra]
luci (f pl) abbaglianti	dritat e gjata (pl)	[drítat ɛ ɟata]
luci (f pl) di arresto	dritat e frenave (pl)	[drítat ɛ frénavɛ]
luci (f pl) di posizione	dritat për parkim (pl)	[drítat pər parkím]
luci (f pl) di emergenza	sinjal për urgjencë (m)	[siɲál pər urɟéntsə]
fari (m pl) antinebbia	drita mjegulle (pl)	[dríta mjéguɫɛ]
freccia (f)	sinjali i kthesës (m)	[siɲáli i kθésəs]
luci (f pl) di retromarcia	dritat e prapme (pl)	[drítat ɛ prápmɛ]

148. Automobili. Vano passeggeri

abitacolo (m)	interier (m)	[intɛriér]
di pelle	prej lëkure	[prɛj ləkúrɛ]
in velluto	kadife	[kadífɛ]
rivestimento (m)	veshje (f)	[véʃjɛ]
strumento (m) di bordo	instrument (m)	[instrumént]
cruscotto (m)	panel instrumentesh (m)	[panél instruméntɛʃ]

| tachimetro (m) | matës i shpejtësisë (m) | [mátəs i ʃpɛjtəsísə] |
| lancetta (f) | shigjetë (f) | [ʃijétə] |

contachilometri (m)	kilometrazh (m)	[kilomɛtráʒ]
indicatore (m)	indikator (m)	[indikatór]
livello (m)	nivel (m)	[nivél]
spia (f) luminosa	dritë paralajmëruese (f)	[drítə paralajmərúɛsɛ]

volante (m)	timon (m)	[timón]
clacson (m)	bori (f)	[borí]
pulsante (m)	buton (m)	[bután]
interruttore (m)	çelës drite (m)	[tʃéləs drítɛ]

sedile (m)	karrige (f)	[karígɛ]
spalliera (f)	shpinore (f)	[ʃpinórɛ]
appoggiatesta (m)	mbështetësja e kokës (m)	[mbəʃtétəsja ɛ kókəs]
cintura (f) di sicurezza	rrip i sigurimit (m)	[rip i sigurímit]
allacciare la cintura	lidh rripin e sigurimit	[lið rípin ɛ sigurímit]
regolazione (f)	rregulloj (m)	[rɛguɫój]

| airbag (m) | jastëk ajri (m) | [jastək ájri] |
| condizionatore (m) | kondicioner (m) | [konditsionér] |

radio (f)	radio (f)	[rádio]
lettore (m) CD	disk CD (m)	[dísk tsɛdé]
accendere (vt)	ndez	[ndɛz]
antenna (f)	antenë (f)	[anténə]
vano (m) portaoggetti	kroskot (m)	[kroskót]
portacenere (m)	taketuke (f)	[takɛtúkɛ]

149. Automobili. Motore

motore (m)	motor (m)	[motór]
a diesel	me naftë	[mɛ náftə]
a benzina	me benzinë	[mɛ bɛnzínə]

cilindrata (f)	vëllim i motorit (m)	[vəɫím i motórit]
potenza (f)	fuqi (f)	[fucí]
cavallo vapore (m)	kuaj-fuqi (f)	[kúaj-fucí]
pistone (m)	piston (m)	[pistón]
cilindro (m)	cilindër (m)	[tsilíndər]
valvola (f)	valvulë (f)	[valvúlə]

iniettore (m)	injektor (m)	[iɲɛktór]
generatore (m)	gjenerator (m)	[ɟɛnɛratór]
carburatore (m)	karburator (m)	[karburatór]
olio (m) motore	vaj i motorit (m)	[vaj i motórit]

radiatore (m)	radiator (m)	[radiatór]
liquido (m) di raffreddamento	antifriz (m)	[antifríz]
ventilatore (m)	ventilator (m)	[vɛntilatór]

| batteria (m) | bateri (f) | [batɛrí] |
| motorino (m) d'avviamento | motorino (f) | [motoríno] |

| accensione (f) | kuadër ndezës (m) | [kuádər ndézəs] |
| candela (f) d'accensione | kandelë (f) | [kandélə] |

morsetto (m)	morseta e baterisë (f)	[morséta ɛ batɛrísə]
più (m)	kahu pozitiv (m)	[káhu pózitiv]
meno (m)	kahu negativ (m)	[káhu négativ]
fusibile (m)	siguresë (f)	[sigurésə]

filtro (m) dell'aria	filtri i ajrit (m)	[fíltri i ájrit]
filtro (m) dell'olio	filtri i vajit (m)	[fíltri i vájit]
filtro (m) del carburante	filtri i karburantit (m)	[fíltri i karburántit]

150. Automobili. Incidente. Riparazione

incidente (m)	aksident (m)	[aksidént]
incidente (m) stradale	aksident rrugor (m)	[aksidént rúgor]
sbattere contro ...	përplasem në mur	[pərplásɛm nə mur]
avere un incidente	aksident i rëndë	[aksidént i rəndə]
danno (m)	dëm (m)	[dəm]
illeso (agg)	pa dëmtime	[pa dəmtímɛ]

guasto (m), avaria (f)	avari (f)	[avarí]
essere rotto	prishet	[príʃɛt]
cavo (m) di rimorchio	kabllo rimorkimi (f)	[kábło rimorkími]

foratura (f)	shpim (m)	[ʃpim]
essere a terra	shpohet	[ʃpóhɛt]
gonfiare (vt)	fryj	[fryj]
pressione (f)	presion (m)	[prɛsión]
controllare (verificare)	kontrolloj	[kontrołój]

riparazione (f)	riparim (m)	[riparím]
officina (f) meccanica	auto servis (m)	[áuto sɛrvís]
pezzo (m) di ricambio	pjesë këmbimi (f)	[pjésə kəmbími]
pezzo (m)	pjesë (f)	[pjésə]

bullone (m)	bulona (f)	[bulóna]
bullone (m) a vite	vida (f)	[vída]
dado (m)	dado (f)	[dádo]
rondella (f)	rondelë (f)	[rondélə]
cuscinetto (m)	kushineta (f)	[kuʃinéta]

tubo (m)	tub (m)	[tub]
guarnizione (f)	rondelë (f)	[rondélə]
filo (m), cavo (m)	kabllo (f)	[kábło]

cric (m)	krik (m)	[krik]
chiave (f)	çelës (f)	[tʃéləs]
martello (m)	çekiç (m)	[tʃɛkítʃ]
pompa (f)	pompë (f)	[pómpə]
giravite (m)	kaçavidë (f)	[katʃavídə]
estintore (m)	bombolë kundër zjarrit (f)	[bombólə kúndər zjárit]
triangolo (m) di emergenza	trekëndësh paralajmërues (m)	[trékəndəʃ paralajmərúɛs]

137

spegnersi (vr)	fiket	[fíkɛt]
spegnimento (m) motore	fikje (f)	[fíkjɛ]
essere rotto	prishet	[príʃɛt]

surriscaldarsi (vr)	nxehet	[ndzéhɛt]
intasarsi (vr)	bllokohet	[bɫokóhɛt]
ghiacciarsi (di tubi, ecc.)	ngrihet	[ŋríhɛt]
spaccarsi (vr)	plas tubi	[plas túbi]

pressione (f)	presion (m)	[prɛsión]
livello (m)	nivel (m)	[nivél]
lento (cinghia ~a)	i lirshëm	[i lírʃəm]

ammaccatura (f)	shtypje (f)	[ʃtýpjɛ]
battito (m) (nel motore)	zhurmë motori (f)	[ʒúrmə motóri]
fessura (f)	çarje (f)	[tʃárjɛ]
graffiatura (f)	gërvishtje (f)	[gərvíʃtjɛ]

151. Automobili. Strada

strada (f)	rrugë (f)	[rúgə]
autostrada (f)	autostradë (f)	[autostrádə]
superstrada (f)	autostradë (f)	[autostrádə]
direzione (f)	drejtim (m)	[drɛjtím]
distanza (f)	largësi (f)	[largəsí]

ponte (m)	urë (f)	[úrə]
parcheggio (m)	parking (m)	[parkíŋ]
piazza (f)	shesh (m)	[ʃɛʃ]
svincolo (m)	kryqëzim rrugësh (m)	[krycəzím rúgəʃ]
galleria (f), tunnel (m)	tunel (m)	[tunél]

distributore (m) di benzina	pikë karburanti (f)	[píkə karburánti]
parcheggio (m)	parking (m)	[parkíŋ]
pompa (f) di benzina	pompë karburanti (f)	[pómpə karburánti]
officina (f) meccanica	auto servis (m)	[áuto sɛrvís]
fare benzina	furnizohem me gaz	[furnizóhɛm mɛ gáz]
carburante (m)	karburant (m)	[karburánt]
tanica (f)	bidon (m)	[bidón]

asfalto (m)	asfalt (m)	[asfált]
segnaletica (f) stradale	vijëzime të rrugës (pl)	[vijəzímɛ tə rúgəs]
cordolo (m)	bordurë (f)	[bordúrə]
barriera (f) di sicurezza	parmakë të sigurisë (pl)	[parmákə tə sigurísə]
fosso (m)	kanal (m)	[kanál]
ciglio (m) della strada	shpatull rrugore (f)	[ʃpátuɫ rugórɛ]
lampione (m)	shtyllë dritash (f)	[ʃtýɫə drítaʃ]

guidare (~ un veicolo)	ngas	[ŋas]
girare (~ a destra)	kthej	[kθɛj]
fare un'inversione a U	marr kthesë U	[mar kθésə u]
retromarcia (m)	marsh prapa (m)	[marʃ prápa]
suonare il clacson	i bie borisë	[i bíɛ borísə]
colpo (m) di clacson	tyt (m)	[tyt]

incastrarsi (vr)	**ngec në baltë**	[ŋɛts nə báltə]
impantanarsi (vr)	**xhiroj gomat**	[dʒirój gómat]
spegnere (~ il motore)	**fik**	[fik]
velocità (f)	**shpejtësi** (f)	[ʃpɛjtəsí]
superare i limiti di velocità	**kaloj minimumin e shpejtësisë**	[kalój minimúmin ɛ ʃpɛjtəsísə]
multare (vt)	**vë gjobë**	[və ɟóbə]
semaforo (m)	**semafor** (m)	[sɛmafór]
patente (f) di guida	**patentë shoferi** (f)	[paténtə ʃoféri]
passaggio (m) a livello	**kalim hekurudhor** (m)	[kalím hɛkuruðór]
incrocio (m)	**kryqëzim** (m)	[krycəzím]
passaggio (m) pedonale	**kalim për këmbësorë** (m)	[kalím pər kəmbəsórə]
curva (f)	**kthesë** (f)	[kθésə]
zona (f) pedonale	**zonë këmbësorësh** (f)	[zónə kəmbəsórəʃ]

GENTE. SITUAZIONI QUOTIDIANE

Situazioni quotidiane

152. Vacanze. Evento

festa (f)	festë (f)	[féstə]
festa (f) nazionale	festë kombëtare (f)	[féstə kombətárɛ]
festività (f) civile	festë publike (f)	[féstə publíkɛ]
festeggiare (vt)	festoj	[fɛstój]
avvenimento (m)	ceremoni (f)	[tsɛrɛmoní]
evento (m) (organizzare un ~)	eveniment (m)	[ɛvɛnimént]
banchetto (m)	banket (m)	[bankét]
ricevimento (m)	pritje (f)	[prítjɛ]
festino (m)	aheng (m)	[ahéŋ]
anniversario (m)	përvjetor (m)	[pərvjɛtór]
giubileo (m)	jubile (m)	[jubilé]
festeggiare (vt)	festoj	[fɛstój]
Capodanno (m)	Viti i Ri (m)	[víti i rí]
Buon Anno!	Gëzuar Vitin e Ri!	[gəzúar vítin ɛ rí!]
Babbo Natale (m)	Santa Klaus (m)	[sánta kláus]
Natale (m)	Krishtlindje (f)	[kriʃtlíndjɛ]
Buon Natale!	Gëzuar Krishtlindjen!	[gəzúar kriʃtlíndjɛn!]
Albero (m) di Natale	péma e Krishtlindjes (f)	[péma ɛ kriʃtlíndjɛs]
fuochi (m pl) artificiali	fishekzjarrë (m)	[fiʃɛkzjárə]
nozze (f pl)	dasmë (f)	[dásmə]
sposo (m)	dhëndër (m)	[ðéndər]
sposa (f)	nuse (f)	[núsɛ]
invitare (vt)	ftoj	[ftoj]
invito (m)	ftesë (f)	[ftésə]
ospite (m)	mysafir (m)	[mysafír]
andare a trovare	vizitoj	[vizitój]
accogliere gli invitati	takoj të ftuarit	[takój tə ftúarit]
regalo (m)	dhuratë (f)	[ðurátə]
offrire (~ un regalo)	dhuroj	[ðurój]
ricevere i regali	marr dhurata	[mar ðuráta]
mazzo (m) di fiori	buqetë (f)	[bucétə]
auguri (m pl)	urime (f)	[urímɛ]
augurare (vt)	përgëzoj	[pərgəzój]
cartolina (f)	kartolinë (f)	[kartolínə]

| mandare una cartolina | dërgoj kartolinë | [dərgój kartolínə] |
| ricevere una cartolina | marr kartolinë | [mar kartolínə] |

brindisi (m)	dolli (f)	[doɫí]
offrire (~ qualcosa da bere)	qeras	[cɛrás]
champagne (m)	shampanjë (f)	[ʃampáɲə]

divertirsi (vr)	kënaqem	[kənácɛm]
allegria (f)	gëzim (m)	[gəzím]
gioia (f)	gëzim (m)	[gəzím]

| danza (f), ballo (m) | vallëzim (m) | [vaɫəzím] |
| ballare (vi, vt) | vallëzoj | [vaɫəzój] |

| valzer (m) | vals (m) | [vals] |
| tango (m) | tango (f) | [táŋo] |

153. Funerali. Sepoltura

cimitero (m)	varreza (f)	[varéza]
tomba (f)	varr (m)	[var]
croce (f)	kryq (m)	[kryc]
pietra (f) tombale	gur varri (m)	[gur vári]
recinto (m)	gardh (m)	[garð]
cappella (f)	kishëz (m)	[kíʃəz]

morte (f)	vdekje (f)	[vdékjɛ]
morire (vi)	vdes	[vdɛs]
defunto (m)	i vdekuri (m)	[i vdékuri]
lutto (m)	zi (f)	[zi]

seppellire (vt)	varros	[varós]
sede (f) di pompe funebri	agjenci funeralesh (f)	[aɟɛntsí funɛrálɛʃ]
funerale (m)	funeral (m)	[funɛrál]

corona (f) di fiori	kurorë (f)	[kurórə]
bara (f)	arkivol (m)	[arkivól]
carro (m) funebre	makinë funebre (f)	[makínə funébrɛ]
lenzuolo (m) funebre	qefin (m)	[cɛfín]

corteo (m) funebre	kortezh (m)	[kortéʒ]
urna (f) funeraria	urnë (f)	[úrnə]
crematorio (m)	kremator (m)	[krɛmatór]

necrologio (m)	përkujtim (m)	[pərkujtím]
piangere (vi)	qaj	[caj]
singhiozzare (vi)	qaj me dënesë	[caj mɛ dənésə]

154. Guerra. Soldati

| plotone (m) | togë (f) | [tógə] |
| compagnia (f) | kompani (f) | [kompaní] |

reggimento (m)	regjiment (m)	[rɛɟimént]
esercito (m)	ushtri (f)	[uʃtrí]
divisione (f)	divizion (m)	[divizión]

| distaccamento (m) | skuadër (f) | [skuádər] |
| armata (f) | armatë (f) | [armátə] |

| soldato (m) | ushtar (m) | [uʃtár] |
| ufficiale (m) | oficer (m) | [ofitsér] |

soldato (m) semplice	ushtar (m)	[uʃtár]
sergente (m)	rreshter (m)	[rɛʃtér]
tenente (m)	toger (m)	[togér]
capitano (m)	kapiten (m)	[kapitén]
maggiore (m)	major (m)	[majór]
colonnello (m)	kolonel (m)	[kolonél]
generale (m)	gjeneral (m)	[ɟɛnɛrál]

marinaio (m)	marinar (m)	[marinár]
capitano (m)	kapiten (m)	[kapitén]
nostromo (m)	kryemarinar (m)	[kryɛmarinár]

artigliere (m)	artiljer (m)	[artiljér]
paracadutista (m)	parashutist (m)	[paraʃutíst]
pilota (m)	pilot (m)	[pilót]
navigatore (m)	navigues (m)	[navigúɛs]
meccanico (m)	mekanik (m)	[mɛkaník]

geniere (m)	xhenier (m)	[dʒɛniér]
paracadutista (m)	parashutist (m)	[paraʃutíst]
esploratore (m)	agjent zbulimi (m)	[aɟént zbulími]
cecchino (m)	snajper (m)	[snajpér]

pattuglia (f)	patrullë (f)	[patrúɫə]
pattugliare (vt)	patrulloj	[patruɫój]
sentinella (f)	rojë (f)	[rójə]

| guerriero (m) | luftëtar (m) | [luftətár] |
| patriota (m) | patriot (m) | [patriót] |

| eroe (m) | hero (m) | [hɛró] |
| eroina (f) | heroinë (f) | [hɛroínə] |

| traditore (m) | tradhtar (m) | [traðtár] |
| tradire (vt) | tradhtoj | [traðtój] |

| disertore (m) | dezertues (m) | [dɛzɛrtúɛs] |
| disertare (vi) | dezertoj | [dɛzɛrtój] |

mercenario (m)	mercenar (m)	[mɛrtsɛnár]
recluta (f)	rekrut (m)	[rɛkrút]
volontario (m)	vullnetar (m)	[vuɫnɛtár]

ucciso (m)	vdekur (m)	[vdékur]
ferito (m)	i plagosur (m)	[i plagósur]
prigioniero (m) di guerra	rob lufte (m)	[rob lúftɛ]

155. Guerra. Azioni militari. Parte 1

guerra (f)	luftë (f)	[lúftə]
essere in guerra	në luftë	[nə lúftə]
guerra (f) civile	luftë civile (f)	[lúftə tsivílɛ]
perfidamente	pabesisht	[pabɛsíʃt]
dichiarazione (f) di guerra	shpallje lufte (f)	[ʃpáɫjɛ lúftɛ]
dichiarare (~ guerra)	shpall	[ʃpaɫ]
aggressione (f)	agresion (m)	[agrɛsión]
attaccare (vt)	sulmoj	[sulmój]
invadere (vt)	pushtoj	[puʃtój]
invasore (m)	pushtues (m)	[puʃtúɛs]
conquistatore (m)	pushtues (m)	[puʃtúɛs]
difesa (f)	mbrojtje (f)	[mbrójtjɛ]
difendere (~ un paese)	mbroj	[mbrój]
difendersi (vr)	mbrohem	[mbróhɛm]
nemico (m)	armik (m)	[armík]
avversario (m)	kundërshtar (m)	[kundərʃtár]
ostile (agg)	armike	[armíkɛ]
strategia (f)	strategji (f)	[stratɛɟí]
tattica (f)	taktikë (f)	[taktíkə]
ordine (m)	urdhër (m)	[úrðər]
comando (m)	komandë (f)	[komándə]
ordinare (vt)	urdhëroj	[urðərój]
missione (f)	mision (m)	[misión]
segreto (agg)	sekret	[sɛkrét]
battaglia (f), combattimento (m)	betejë (f)	[bɛtéjə]
combattimento (m)	luftim (m)	[luftím]
attacco (m)	sulm (m)	[sulm]
assalto (m)	sulm (m)	[sulm]
assalire (vt)	sulmoj	[sulmój]
assedio (m)	nën rrethim (m)	[nən rɛθím]
offensiva (f)	sulm (m)	[sulm]
passare all'offensiva	kaloj në sulm	[kalój nə súlm]
ritirata (f)	tërheqje (f)	[tərhécjɛ]
ritirarsi (vr)	tërhiqem	[tərhícɛm]
accerchiamento (m)	rrethim (m)	[rɛθím]
accerchiare (vt)	rrethoj	[rɛθój]
bombardamento (m)	bombardim (m)	[bombardím]
lanciare una bomba	hedh bombë	[hɛð bómbə]
bombardare (vt)	bombardoj	[bombardój]
esplosione (f)	shpërthim (m)	[ʃpərθím]
sparo (m)	e shtënë (f)	[ɛ ʃténə]

sparare un colpo	qëlloj	[cəłój]
sparatoria (f)	të shtëna (pl)	[tə ʃténa]

puntare su ...	vë në shënjestër	[və nə ʃɲéstər]
puntare (~ una pistola)	drejtoj armën	[drɛjtój ármən]
colpire (~ il bersaglio)	qëlloj	[cəłój]

affondare (mandare a fondo)	fundos	[fundós]
falla (f)	vrimë (f)	[vrímə]
affondare (andare a fondo)	fundoset	[fundósɛt]

fronte (m) (~ di guerra)	front (m)	[front]
evacuazione (f)	evakuim (m)	[ɛvakuím]
evacuare (vt)	evakuoj	[ɛvakuój]

trincea (f)	llogore (f)	[łogórɛ]
filo (m) spinato	tel me gjemba (m)	[tɛl mɛ ɟémba]
sbarramento (m)	pengesë (f)	[pɛŋésə]
torretta (f) di osservazione	kullë vrojtuese (f)	[kúłə vrojtúɛsɛ]

ospedale (m) militare	spital ushtarak (m)	[spitál uʃtarák]
ferire (vt)	plagos	[plagós]
ferita (f)	plagë (f)	[plágə]
ferito (m)	i plagosur (m)	[i plagósur]
rimanere ferito	jam i plagosur	[jam i plagósur]
grave (ferita ~)	rëndë	[rə́ndə]

156. Armi

armi (f pl)	armë (f)	[ármə]
arma (f) da fuoco	armë zjarri (f)	[ármə zjári]
arma (f) bianca	armë të ftohta (pl)	[ármə tə ftóhta]

armi (f pl) chimiche	armë kimike (f)	[ármə kimíkɛ]
nucleare (agg)	nukleare	[nuklɛárɛ]
armi (f pl) nucleari	armë nukleare (f)	[ármə nuklɛárɛ]

bomba (f)	bombë (f)	[bómbə]
bomba (f) atomica	bombë atomike (f)	[bómbə atomíkɛ]

pistola (f)	pistoletë (f)	[pistolétə]
fucile (m)	pushkë (f)	[púʃkə]
mitra (m)	mitraloz (m)	[mitralóz]
mitragliatrice (f)	mitraloz (m)	[mitralóz]

bocca (f)	grykë (f)	[grýkə]
canna (f)	tytë pushke (f)	[týtə púʃkɛ]
calibro (m)	kalibër (m)	[kalíbər]

grilletto (m)	këmbëz (f)	[kə́mbəz]
mirino (m)	shënjestër (f)	[ʃɲéstər]
caricatore (m)	karikator (m)	[karikatór]
calcio (m)	qytë (f)	[cýtə]
bomba (f) a mano	bombë dore (f)	[bómbə dórɛ]

esplosivo (m)	eksploziv (m)	[εksplozív]
pallottola (f)	plumb (m)	[plúmb]
cartuccia (f)	fishek (m)	[fiʃék]
carica (f)	karikim (m)	[karikím]
munizioni (f pl)	municion (m)	[munitsión]

bombardiere (m)	avion bombardues (m)	[avión bombardúεs]
aereo (m) da caccia	avion luftarak (m)	[avión luftarák]
elicottero (m)	helikopter (m)	[hεlikoptér]

cannone (m) antiaereo	armë anti-ajrore (f)	[ármə ánti-ajrórε]
carro (m) armato	tank (m)	[tank]
cannone (m)	top tanku (m)	[top tánku]

artiglieria (f)	artileri (f)	[artilεrí]
cannone (m)	top (m)	[top]
mirare a ...	vë në shënjestër	[və nə ʃəɲéstər]

proiettile (m)	mortajë (f)	[mortájə]
granata (f) da mortaio	bombë mortaje (f)	[bómbə mortájε]
mortaio (m)	mortajë (f)	[mortájə]
scheggia (f)	copëz mortaje (f)	[tsópəz mortájε]

sottomarino (m)	nëndetëse (f)	[nəndétəsε]
siluro (m)	silurë (f)	[silúrə]
missile (m)	raketë (f)	[rakétə]

caricare (~ una pistola)	mbush	[mbúʃ]
sparare (vi)	qëlloj	[cəɬój]
puntare su ...	drejtoj	[drεjtój]
baionetta (f)	bajonetë (f)	[bajonétə]

spada (f)	shpatë (f)	[ʃpátə]
sciabola (f)	shpatë (f)	[ʃpátə]
lancia (f)	shtizë (f)	[ʃtízə]
arco (m)	hark (m)	[hárk]
freccia (f)	shigjetë (f)	[ʃiɟétə]
moschetto (m)	musketë (f)	[muskétə]
balestra (f)	pushkë-shigjetë (f)	[púʃkə-ʃɟétə]

157. Gli antichi

primitivo (agg)	prehistorik	[prεhistorík]
preistorico (agg)	prehistorike	[prεhistoríkε]
antico (agg)	i lashtë	[i láʃtə]

Età (f) della pietra	Epoka e Gurit (f)	[εpóka ε gúrit]
Età (f) del bronzo	Epoka e Bronzit (f)	[εpóka ε brónzit]
epoca (f) glaciale	Epoka e akullit (f)	[εpóka ε ákuɬit]

tribù (f)	klan (m)	[klan]
cannibale (m)	kanibal (m)	[kanibál]
cacciatore (m)	gjahtar (m)	[ɟahtár]
cacciare (vt)	dal për gjah	[dál pər ɟáh]

mammut (m)	mamut (m)	[mamút]
caverna (f), grotta (f)	shpellë (f)	[ʃpétə]
fuoco (m)	zjarr (m)	[zjar]
falò (m)	zjarr kampingu (m)	[zjar kampíɲu]
pittura (f) rupestre	vizatim në shpella (m)	[vizatím nə ʃpéta]

strumento (m) di lavoro	vegël (f)	[végəl]
lancia (f)	shtizë (f)	[ʃtízə]
ascia (f) di pietra	sëpatë guri (f)	[səpátə gúri]
essere in guerra	në luftë	[nə lúftə]
addomesticare (vt)	zbus	[zbus]

idolo (m)	idhull (m)	[íðuɫ]
idolatrare (vt)	adhuroj	[aðurój]
superstizione (f)	besëtytni (f)	[bɛsətytní]
rito (m)	rit (m)	[rit]

evoluzione (f)	evolucion (m)	[ɛvolutsión]
sviluppo (m)	zhvillim (m)	[ʒviɫím]
estinzione (f)	zhdukje (f)	[ʒdúkjɛ]
adattarsi (vr)	përshtatem	[pərʃtátɛm]

archeologia (f)	arkeologji (f)	[arkɛoloɟí]
archeologo (m)	arkeolog (m)	[arkɛológ]
archeologico (agg)	arkeologjike	[arkɛoloɟíkɛ]

sito (m) archeologico	vendi i gërmimeve (m)	[véndi i gərmímɛvɛ]
scavi (m pl)	gërmime (pl)	[gərmímɛ]
reperto (m)	zbulim (m)	[zbulím]
frammento (m)	fragment (m)	[fragmént]

158. Il Medio Evo

popolo (m)	popull (f)	[pópuɫ]
popoli (m pl)	popuj (pl)	[pópuj]
tribù (f)	klan (m)	[klan]
tribù (f pl)	klane (pl)	[klánɛ]

barbari (m pl)	barbarë (pl)	[barbárə]
galli (m pl)	Galët (pl)	[gálət]
goti (m pl)	Gotët (pl)	[gótət]
slavi (m pl)	Sllavët (pl)	[sɫávət]
vichinghi (m pl)	Vikingët (pl)	[vikíɲət]

romani (m pl)	Romakët (pl)	[romákət]
romano (agg)	romak	[romák]

bizantini (m pl)	Bizantinët (pl)	[bizantínət]
Bisanzio (m)	Bizanti (m)	[bizánti]
bizantino (agg)	bizantine	[bizantínɛ]

imperatore (m)	perandor (m)	[pɛrandór]
capo (m)	prijës (m)	[príjəs]
potente (un re ~)	i fuqishëm	[i fucíʃəm]

| re (m) | mbret (m) | [mbrét] |
| governante (m) (sovrano) | sundimtar (m) | [sundimtár] |

cavaliere (m)	kalorës (m)	[kalórəs]
feudatario (m)	lord feudal (m)	[lórd fɛudál]
feudale (agg)	feudal	[fɛudál]
vassallo (m)	vasal (m)	[vasál]

duca (m)	dukë (f)	[dúkə]
conte (m)	kont (m)	[kont]
barone (m)	baron (m)	[barón]
vescovo (m)	peshkop (m)	[pɛʃkóp]

armatura (f)	parzmore (f)	[parzmórɛ]
scudo (m)	mburojë (f)	[mburójə]
spada (f)	shpatë (f)	[ʃpátə]
visiera (f)	ballnik (m)	[bałník]
cotta (f) di maglia	thurak (m)	[θurák]

| crociata (f) | Kryqëzata (f) | [krycəzáta] |
| crociato (m) | kryqtar (m) | [kryctár] |

| territorio (m) | territor (m) | [tɛritór] |
| attaccare (vt) | sulmoj | [sulmój] |

| conquistare (vt) | mposht | [mpóʃt] |
| occupare (invadere) | pushtoj | [puʃtój] |

assedio (m)	nën rrethim (m)	[nən rɛθím]
assediato (agg)	i rrethuar	[i rɛθúar]
assediare (vt)	rrethoj	[rɛθój]

inquisizione (f)	inkuizicion (m)	[inkuizitsión]
inquisitore (m)	inkuizitor (m)	[inkuizitór]
tortura (f)	torturë (f)	[tortúrə]
crudele (agg)	mizor	[mizór]

| eretico (m) | heretik (m) | [hɛrɛtík] |
| eresia (f) | herezi (f) | [hɛrɛzí] |

navigazione (f)	lundrim (m)	[lundrím]
pirata (m)	pirat (m)	[pirát]
pirateria (f)	pirateri (f)	[piratɛrí]
arrembaggio (m)	sulm me anije (m)	[sulm mɛ aníjɛ]

| bottino (m) | plaçkë (f) | [plátʃkə] |
| tesori (m) | thesare (pl) | [θɛsárɛ] |

scoperta (f)	zbulim (m)	[zbulím]
scoprire (~ nuove terre)	zbuloj	[zbulój]
spedizione (f)	ekspeditë (f)	[ɛkspɛdítə]

moschettiere (m)	musketar (m)	[muskɛtár]
cardinale (m)	kardinal (m)	[kardinál]
araldica (f)	heraldikë (f)	[hɛraldíkə]
araldico (agg)	heraldik	[hɛraldík]

159. Leader. Capo. Le autorità

re (m)	mbret (m)	[mbrét]
regina (f)	mbretëreshë (f)	[mbrɛtəréʃə]
reale (agg)	mbretërore	[mbrɛtərórɛ]
regno (m)	mbretëri (f)	[mbrɛtərí]

principe (m)	princ (m)	[prints]
principessa (f)	princeshë (f)	[printséʃə]

presidente (m)	president (m)	[prɛsidént]
vicepresidente (m)	zëvendës president (m)	[zəvéndəs prɛsidént]
senatore (m)	senator (m)	[sɛnatór]

monarca (m)	monark (m)	[monárk]
governante (m) (sovrano)	sundimtar (m)	[sundimtár]
dittatore (m)	diktator (m)	[diktatór]
tiranno (m)	tiran (m)	[tirán]
magnate (m)	manjat (m)	[maɲát]

direttore (m)	drejtor (m)	[drɛjtór]
capo (m)	udhëheqës (m)	[uðəhécəs]
dirigente (m)	drejtor (m)	[drɛjtór]
capo (m)	bos (m)	[bos]
proprietario (m)	pronar (m)	[pronár]

leader (m)	lider (m)	[lidér]
capo (m) (~ delegazione)	kryetar (m)	[kryɛtár]
autorità (f pl)	autoritetet (pl)	[autoritétɛt]
superiori (m pl)	eprorët (pl)	[ɛprórət]

governatore (m)	guvernator (m)	[guvɛrnatór]
console (m)	konsull (m)	[kónsuɫ]
diplomatico (m)	diplomat (m)	[diplomát]
sindaco (m)	kryetar komune (m)	[kryɛtár komúnɛ]
sceriffo (m)	sherif (m)	[ʃɛríf]

imperatore (m)	perandor (m)	[pɛrandór]
zar (m)	car (m)	[tsár]
faraone (m)	faraon (m)	[faraón]
khan (m)	khan (m)	[khán]

160. Infrangere la legge. Criminali. Parte 1

bandito (m)	bandit (m)	[bandít]
delitto (m)	krim (m)	[krim]
criminale (m)	kriminel (m)	[kriminél]

ladro (m)	hajdut (m)	[hajdút]
rubare (vi, vt)	vjedh	[vjɛð]
furto (m), ruberia (f)	vjedhje (f)	[vjéðjɛ]
rapire (vt)	rrëmbej	[rəmbéj]
rapimento (m)	rrëmbim (m)	[rəmbím]

rapitore (m)	rrëmbyes (m)	[rəmbýɛs]
riscatto (m)	shpërblesë (f)	[ʃpərblésə]
chiedere il riscatto	kërkoj shpërblesë	[kərkój ʃpərblésə]

rapinare (vt)	grabis	[grabís]
rapina (f)	grabitje (f)	[grabítjɛ]
rapinatore (m)	grabitës (m)	[grabítəs]

estorcere (vt)	zhvat	[ʒvat]
estorsore (m)	zhvatës (m)	[ʒvátəs]
estorsione (f)	zhvatje (f)	[ʒvátjɛ]

uccidere (vt)	vras	[vras]
assassinio (m)	vrasje (f)	[vrásjɛ]
assassino (m)	vrasës (m)	[vrásəs]

sparo (m)	e shtënë (f)	[ɛ ʃténə]
tirare un colpo	qëlloj	[cəƚój]
abbattere (con armi da fuoco)	qëlloj për vdekje	[cəƚój pər vdékjɛ]
sparare (vi)	qëlloj	[cəƚój]
sparatoria (f)	të shtëna (pl)	[tə ʃténa]
incidente (m) (rissa, ecc.)	incident (m)	[intsidént]
rissa (f)	përleshje (f)	[pərléʃjɛ]
Aiuto!	Ndihmë!	[ndíhmə!]
vittima (f)	viktimë (f)	[viktímə]

danneggiare (vt)	dëmtoj	[dəmtój]
danno (m)	dëm (m)	[dəm]
cadavere (m)	kufomë (f)	[kufómə]
grave (reato ~)	i rëndë	[i rʹéndə]

aggredire (vt)	sulmoj	[sulmój]
picchiare (vt)	rrah	[rah]
malmenare (picchiare)	sakatoj	[sakatój]
sottrarre (vt)	rrëmbej	[rəmbéj]
accoltellare a morte	ther për vdekje	[θɛr pər vdékjɛ]
mutilare (vt)	gjymtoj	[ɟymtój]
ferire (vt)	plagos	[plagós]

ricatto (m)	shantazh (m)	[ʃantáʒ]
ricattare (vt)	bëj shantazh	[bəj ʃantáʒ]
ricattatore (m)	shantazhist (m)	[ʃantaʒíst]

estorsione (f)	rrjet mashtrimi (m)	[rjét maʃtrími]
estortore (m)	mashtrues (m)	[maʃtrúɛs]
gangster (m)	gangster (m)	[gaŋstér]
mafia (f)	mafia (f)	[máfia]

borseggiatore (m)	vjedhës xhepash (m)	[vjéðəs dʒépaʃ]
scassinatore (m)	hajdut (m)	[hajdút]
contrabbando (m)	trafikim (m)	[trafikím]
contrabbandiere (m)	trafikues (m)	[trafikúɛs]

falsificazione (f)	falsifikim (m)	[falsifikím]
falsificare (vt)	falsifikoj	[falsifikój]
falso, falsificato (agg)	fals	[fáls]

149

161. Infrangere la legge. Criminali. Parte 2

stupro (m)	përdhunim (m)	[pərðuním]
stuprare (vt)	përdhunoj	[pərðunój]
stupratore (m)	përdhunues (m)	[pərðunúɛs]
maniaco (m)	maniak (m)	[maniák]
prostituta (f)	prostitutë (f)	[prostitútə]
prostituzione (f)	prostitucion (m)	[prostitutsión]
magnaccia (m)	tutor (m)	[tutór]
drogato (m)	narkoman (m)	[narkomán]
trafficante (m) di droga	trafikant droge (m)	[trafikánt drógɛ]
far esplodere	shpërthej	[ʃpərθéj]
esplosione (f)	shpërthim (m)	[ʃpərθím]
incendiare (vt)	vë flakën	[və flákən]
incendiario (m)	zjarrvënës (m)	[zjarvénəs]
terrorismo (m)	terrorizëm (m)	[tɛrorízəm]
terrorista (m)	terrorist (m)	[tɛroríst]
ostaggio (m)	peng (m)	[pɛŋ]
imbrogliare (vt)	mashtroj	[maʃtrój]
imbroglio (m)	mashtrim (m)	[maʃtrím]
imbroglione (m)	mashtrues (m)	[maʃtrúɛs]
corrompere (vt)	jap ryshfet	[jap ryʃfét]
corruzione (f)	ryshfet (m)	[ryʃfét]
bustarella (f)	ryshfet (m)	[ryʃfét]
veleno (m)	helm (m)	[hɛlm]
avvelenare (vt)	helmoj	[hɛlmój]
avvelenarsi (vr)	helmohem	[hɛlmóhɛm]
suicidio (m)	vetëvrasje (f)	[vɛtəvrásjɛ]
suicida (m)	vetëvrasës (m)	[vɛtəvrásəs]
minacciare (vt)	kërcënoj	[kərtsənój]
minaccia (f)	kërcënim (m)	[kərtsəním]
attentare (vi)	tentoj	[tɛntój]
attentato (m)	atentat (m)	[atɛntát]
rubare (~ una macchina)	vjedh	[vjɛð]
dirottare (~ un aereo)	rrëmbej	[rəmbéj]
vendetta (f)	hakmarrje (f)	[hakmárjɛ]
vendicare (vt)	hakmerrem	[hakmérɛm]
torturare (vt)	torturoj	[torturój]
tortura (f)	torturë (f)	[tortúrə]
maltrattare (vt)	torturoj	[torturój]
pirata (m)	pirat (m)	[pirát]
teppista (m)	huligan (m)	[huligán]

armato (agg)	i armatosur	[i armatósur]
violenza (f)	dhunë (f)	[ðúnə]
illegale (agg)	ilegal	[ilɛgál]

| spionaggio (m) | spiunazh (m) | [spiunáʒ] |
| spiare (vi) | spiunoj | [spiunój] |

162. Polizia. Legge. Parte 1

| giustizia (f) | drejtësi (f) | [drɛjtəsí] |
| tribunale (m) | gjykatë (f) | [ɟykátə] |

giudice (m)	gjykatës (m)	[ɟykátəs]
giurati (m)	anëtar jurie (m)	[anətár juríɛ]
processo (m) con giuria	gjyq me juri (m)	[ɟýc mɛ jurí]
giudicare (vt)	gjykoj	[ɟykój]

avvocato (m)	avokat (m)	[avokát]
imputato (m)	pandehur (m)	[pandéhur]
banco (m) degli imputati	bankë e të pandehurit (f)	[bánkə ɛ tə pandéhurit]

| accusa (f) | akuzë (f) | [akúzə] |
| accusato (m) | i akuzuar (m) | [i akuzúar] |

| condanna (f) | vendim (m) | [vɛndím] |
| condannare (vt) | dënoj | [dənój] |

colpevole (m)	fajtor (m)	[fajtór]
punire (vt)	ndëshkoj	[ndəʃkój]
punizione (f)	ndëshkim (m)	[ndəʃkím]

multa (f), ammenda (f)	gjobë (f)	[ɟóbə]
ergastolo (m)	burgim i përjetshëm (m)	[burgím i pərjétʃəm]
pena (f) di morte	dënim me vdekje (m)	[dəním mɛ vdékjɛ]
sedia (f) elettrica	karrige elektrike (f)	[karígɛ ɛlɛktríkɛ]
impiccagione (f)	varje (f)	[várjɛ]

| giustiziare (vt) | ekzekutoj | [ɛkzɛkutój] |
| esecuzione (f) | ekzekutim (m) | [ɛkzɛkutím] |

| prigione (f) | burg (m) | [búrg] |
| cella (f) | qeli (f) | [cɛlí] |

scorta (f)	eskortë (f)	[ɛskórtə]
guardia (f) carceraria	gardian burgu (m)	[gardián búrgu]
prigioniero (m)	i burgosur (m)	[i burgósur]

| manette (f pl) | pranga (f) | [práŋa] |
| mettere le manette | vë prangat | [və práŋat] |

fuga (f)	arratisje nga burgu (f)	[aratísjɛ ŋa búrgu]
fuggire (vi)	arratisem	[aratísɛm]
scomparire (vi)	zhduk	[ʒduk]
liberare (vt)	dal nga burgu	[dál ŋa búrgu]

amnistia (f)	amnisti (f)	[amnistí]
polizia (f)	polici (f)	[politsí]
poliziotto (m)	polic (m)	[políts]
commissariato (m)	komisariat (m)	[komisariát]
manganello (m)	shkop gome (m)	[ʃkop gómɛ]
altoparlante (m)	altoparlant (m)	[altoparlánt]

macchina (f) di pattuglia	makinë patrullimi (f)	[makínə patruɬími]
sirena (f)	alarm (m)	[alárm]
mettere la sirena	ndez sirenën	[ndɛz sirénən]
suono (m) della sirena	zhurmë alarmi (f)	[ʒúrmə alármi]

luogo (m) del crimine	skenë krimi (f)	[skénə krími]
testimone (m)	dëshmitar (m)	[dəʃmitár]
libertà (f)	liri (f)	[lirí]
complice (m)	bashkëpunëtor (m)	[baʃkəpunətór]
fuggire (vi)	zhdukem	[ʒdúkɛm]
traccia (f)	gjurmë (f)	[ɟúrmə]

163. Polizia. Legge. Parte 2

ricerca (f) (~ di un criminale)	kërkim (m)	[kərkím]
cercare (vt)	kërkoj ...	[kərkój ...]
sospetto (m)	dyshim (m)	[dyʃím]
sospetto (agg)	i dyshuar	[i dyʃúar]
fermare (vt)	ndaloj	[ndalój]
arrestare (qn)	mbaj të ndaluar	[mbáj tə ndalúar]

causa (f)	padi (f)	[padí]
inchiesta (f)	hetim (m)	[hɛtím]
detective (m)	detektiv (m)	[dɛtɛktív]
investigatore (m)	hetues (m)	[hɛtúɛs]
versione (f)	hipotezë (f)	[hipotézə]

movente (m)	motiv (m)	[motív]
interrogatorio (m)	marrje në pyetje (f)	[márjɛ nə pýɛtjɛ]
interrogare (sospetto)	marr në pyetje	[mar nə pýɛtjɛ]
interrogare (vicini)	pyes	[pýɛs]
controllo (m) (~ di polizia)	verifikim (m)	[vɛrifikím]

retata (f)	kontroll në grup (m)	[kontróɬ nə grúp]
perquisizione (f)	bastisje (f)	[bastísjɛ]
inseguimento (m)	ndjekje (f)	[ndjékjɛ]
inseguire (vt)	ndjek	[ndjék]
essere sulle tracce	ndjek	[ndjék]

arresto (m)	arrestim (m)	[arɛstím]
arrestare (qn)	arrestoj	[arɛstój]
catturare (~ un ladro)	kap	[kap]
cattura (f)	kapje (f)	[kápjɛ]

documento (m)	dokument (m)	[dokumént]
prova (f), reperto (m)	provë (f)	[próvə]
provare (vt)	dëshmoj	[dəʃmój]

impronta (f) del piede	gjurmë (f)	[ɟúrmə]
impronte (f pl) digitali	shenja gishtash (pl)	[ʃéɲa gíʃtaʃ]
elemento (m) di prova	provë (f)	[próvə]

alibi (m)	alibi (f)	[alibí]
innocente (agg)	i pafajshëm	[i pafájʃəm]
ingiustizia (f)	padrejtësi (f)	[padrɛjtəsí]
ingiusto (agg)	i padrejtë	[i padréjtə]

criminale (agg)	kriminale	[kriminálɛ]
confiscare (vt)	konfiskoj	[konfiskój]
droga (f)	drogë (f)	[drógə]
armi (f pl)	armë (f)	[ármə]
disarmare (vt)	çarmatos	[tʃarmatós]
ordinare (vt)	urdhëroj	[urðərój]
sparire (vi)	zhduk	[ʒduk]

legge (f)	ligj (m)	[liɟ]
legale (agg)	ligjor	[liɟór]
illegale (agg)	i paligjshëm	[i palíɟʃəm]

| responsabilità (f) | përgjegjësi (f) | [pərɟɛɟəsí] |
| responsabile (agg) | përgjegjës | [pərɟéɟəs] |

LA NATURA

La Terra. Parte 1

164. L'Universo

cosmo (m)	hapësirë (f)	[hapəsírə]
cosmico, spaziale (agg)	hapësinor	[hapəsinór]
spazio (m) cosmico	kozmos (m)	[kozmós]
mondo (m)	botë (f)	[bótə]
universo (m)	univers	[univérs]
galassia (f)	galaksi (f)	[galaksí]
stella (f)	yll (m)	[yɫ]
costellazione (f)	yllësi (f)	[yɫəsí]
pianeta (m)	planet (m)	[planét]
satellite (m)	satelit (m)	[satɛlít]
meteorite (m)	meteor (m)	[mɛtɛór]
cometa (f)	kometë (f)	[kométə]
asteroide (m)	asteroid (m)	[astɛroíd]
orbita (f)	orbitë (f)	[orbítə]
ruotare (vi)	rrotullohet	[rotuɫóhɛt]
atmosfera (f)	atmosferë (f)	[atmosférə]
il Sole	Dielli (m)	[diéɫi]
sistema (m) solare	sistemi diellor (m)	[sistémi diɛɫór]
eclisse (f) solare	eklips diellor (m)	[ɛklíps diɛɫór]
la Terra	Toka (f)	[tóka]
la Luna	Hëna (f)	[hə́na]
Marte (m)	Marsi (m)	[mársi]
Venere (f)	Venera (f)	[vɛnéra]
Giove (m)	Jupiteri (m)	[jupitéri]
Saturno (m)	Saturni (m)	[satúrni]
Mercurio (m)	Merkuri (m)	[mɛrkúri]
Urano (m)	Urani (m)	[uráni]
Nettuno (m)	Neptuni (m)	[nɛptúni]
Plutone (m)	Pluto (f)	[plúto]
Via (f) Lattea	Rruga e Qumështit (f)	[rúga ɛ cúməʃtit]
Orsa (f) Maggiore	Arusha e Madhe (f)	[arúʃa ɛ máðɛ]
Stella (f) Polare	ylli i Veriut (m)	[ýɫi i vériut]
marziano (m)	Marsian (m)	[marsián]
extraterrestre (m)	jashtëtokësor (m)	[jaʃtətokəsór]

alieno (m)	alien (m)	[alién]
disco (m) volante	disk fluturues (m)	[dísk fluturúɛs]
nave (f) spaziale	anije kozmike (f)	[aníjɛ kozmíkɛ]
stazione (f) spaziale	stacion kozmik (m)	[statsión kozmík]
lancio (m)	ngritje (f)	[ŋrítjɛ]
motore (m)	motor (m)	[motór]
ugello (m)	dizë (f)	[dízə]
combustibile (m)	karburant (m)	[karburánt]
cabina (f) di pilotaggio	kabinë pilotimi (f)	[kabínə pilotími]
antenna (f)	antenë (f)	[anténə]
oblò (m)	dritare anësore (f)	[dritárɛ anəsórɛ]
batteria (f) solare	panel solar (m)	[panél solár]
scafandro (m)	veshje astronauti (f)	[véʃʃɛ astronáuti]
imponderabilità (f)	mungesë graviteti (f)	[muŋésə gravitéti]
ossigeno (m)	oksigjen (m)	[oksiɟén]
aggancio (m)	ndërlidhje në hapësirë (f)	[ndərlíðjɛ nə hapəsírə]
agganciarsi (vr)	stacionohem	[statsionóhɛm]
osservatorio (m)	observator (m)	[obsɛrvatór]
telescopio (m)	teleskop (m)	[tɛlɛskóp]
osservare (vt)	vëzhgoj	[vəʒgój]
esplorare (vt)	eksploroj	[ɛksplorój]

165. La Terra

la Terra	Toka (f)	[tóka]
globo (m) terrestre	globi (f)	[glóbi]
pianeta (m)	planet (m)	[planét]
atmosfera (f)	atmosferë (f)	[atmosférə]
geografia (f)	gjeografi (f)	[ɟɛografí]
natura (f)	natyrë (f)	[natýrə]
mappamondo (m)	glob (m)	[glob]
carta (f) geografica	hartë (f)	[hártə]
atlante (m)	atlas (m)	[atlás]
Europa (f)	Evropa (f)	[ɛvrópa]
Asia (f)	Azia (f)	[azía]
Africa (f)	Afrika (f)	[afríka]
Australia (f)	Australia (f)	[australía]
America (f)	Amerika (f)	[amɛríka]
America (f) del Nord	Amerika Veriore (f)	[amɛríka vɛriórɛ]
America (f) del Sud	Amerika Jugore (f)	[amɛríka jugórɛ]
Antartide (f)	Antarktika (f)	[antarktíka]
Artico (m)	Arktiku (m)	[arktíku]

166. Punti cardinali

nord (m)	veri (m)	[vɛrí]
a nord	drejt veriut	[dréjt vériut]
al nord	në veri	[nə vɛrí]
del nord (agg)	verior	[vɛriór]

sud (m)	jug (m)	[jug]
a sud	drejt jugut	[dréjt júgut]
al sud	në jug	[nə jug]
del sud (agg)	jugor	[jugór]

ovest (m)	perëndim (m)	[pɛrəndím]
a ovest	drejt perëndimit	[dréjt pɛrəndímit]
all'ovest	në perëndim	[nə pɛrəndím]
dell'ovest, occidentale	perëndimor	[pɛrəndimór]

est (m)	lindje (f)	[líndjɛ]
a est	drejt lindjes	[dréjt líndjɛs]
all'est	në lindje	[nə líndjɛ]
dell'est, orientale	lindor	[lindór]

167. Mare. Oceano

mare (m)	det (m)	[dét]
oceano (m)	oqean (m)	[ocɛán]
golfo (m)	gji (m)	[ɟi]
stretto (m)	ngushticë (f)	[ŋuʃtítsə]

terra (f) (terra firma)	tokë (f)	[tókə]
continente (m)	kontinent (m)	[kontinént]

isola (f)	ishull (m)	[íʃuɫ]
penisola (f)	gadishull (m)	[gadíʃuɫ]
arcipelago (m)	arkipelag (m)	[arkipɛlág]

baia (f)	gji (m)	[ɟi]
porto (m)	port (m)	[port]
laguna (f)	lagunë (f)	[lagúnə]
capo (m)	kep (m)	[kɛp]

atollo (m)	atol (m)	[atól]
scogliera (f)	shkëmb nënujor (m)	[ʃkəmb nənujór]
corallo (m)	koral (m)	[korál]
barriera (f) corallina	korale nënujorë (f)	[korálɛ nənujórə]

profondo (agg)	i thellë	[i θéɫə]
profondità (f)	thellësi (f)	[θɛɫəsí]
abisso (m)	humnerë (f)	[humnérə]
fossa (f) (~ delle Marianne)	hendek (m)	[hɛndék]

corrente (f)	rrymë (f)	[rýmə]
circondare (vt)	rrethohet	[rɛθóhɛt]

| litorale (m) | breg (m) | [brɛg] |
| costa (f) | bregdet (m) | [brɛgdét] |

alta marea (f)	batica (f)	[batítsa]
bassa marea (f)	zbaticë (f)	[zbatítsə]
banco (m) di sabbia	cekëtinë (f)	[tsɛkətínə]
fondo (m)	fund i detit (m)	[fúnd i détit]

onda (f)	dallgë (f)	[dáɫgə]
cresta (f) dell'onda	kreshtë (f)	[kréʃtə]
schiuma (f)	shkumë (f)	[ʃkúmə]

tempesta (f)	stuhi (f)	[stuhí]
uragano (m)	uragan (m)	[uragán]
tsunami (m)	cunam (m)	[tsunám]
bonaccia (f)	qetësi (f)	[cɛtəsí]
tranquillo (agg)	i qetë	[i cétə]

| polo (m) | pol (m) | [pol] |
| polare (agg) | polar | [polár] |

latitudine (f)	gjerësi (f)	[ɟɛrəsí]
longitudine (f)	gjatësi (f)	[ɟatəsí]
parallelo (m)	paralele (f)	[paralélɛ]
equatore (m)	ekuator (m)	[ɛkuatór]

cielo (m)	qiell (m)	[cíɛɫ]
orizzonte (m)	horizont (m)	[horizónt]
aria (f)	ajër (m)	[ájər]

faro (m)	fanar (m)	[fanár]
tuffarsi (vr)	zhytem	[ʒýtɛm]
affondare (andare a fondo)	fundosje	[fundósjɛ]
tesori (m)	thesare (pl)	[θɛsárɛ]

168. Montagne

monte (m), montagna (f)	mal (m)	[mal]
catena (f) montuosa	vargmal (m)	[vargmál]
crinale (m)	kresht malor (m)	[kréʃt malór]

cima (f)	majë (f)	[májə]
picco (m)	maja më e lartë (f)	[mája mə ɛ lártə]
piedi (m pl)	rrëza e malit (f)	[rəza ɛ málit]
pendio (m)	shpat (m)	[ʃpat]

vulcano (m)	vullkan (m)	[vuɫkán]
vulcano (m) attivo	vullkan aktiv (m)	[vuɫkán aktív]
vulcano (m) inattivo	vullkan i fjetur (m)	[vuɫkán i fjétur]

eruzione (f)	shpërthim (m)	[ʃpərθím]
cratere (m)	krater (m)	[kratér]
magma (m)	magmë (f)	[mágmə]
lava (f)	llavë (f)	[ɫávə]

fuso (lava ~a)	i shkrirë	[i ʃkrírə]
canyon (m)	kanion (m)	[kanión]
gola (f)	grykë (f)	[grýkə]
crepaccio (m)	çarje (f)	[tʃárjɛ]
precipizio (m)	humnerë (f)	[humnérə]

passo (m), valico (m)	kalim (m)	[kalím]
altopiano (m)	pllajë (f)	[pɫájə]
falesia (f)	shkëmb (m)	[ʃkəmb]
collina (f)	kodër (f)	[kódər]

ghiacciaio (m)	akullnajë (f)	[akuɫnájə]
cascata (f)	ujëvarë (f)	[ujəvárə]
geyser (m)	gejzer (m)	[gɛjzér]
lago (m)	liqen (m)	[licén]

pianura (f)	fushë (f)	[fúʃə]
paesaggio (m)	peizazh (m)	[pɛizáʒ]
eco (f)	jehonë (f)	[jɛhónə]

alpinista (m)	alpinist (m)	[alpiníst]
scalatore (m)	alpinist shkëmbßinjsh (m)	[alpiníst ʃkəmbiɲʃ]
conquistare (~ una cima)	pushtoj majën	[puʃtój májən]
scalata (f)	ngjitje (f)	[nɟítjɛ]

169. Fiumi

fiume (m)	lum (m)	[lum]
fonte (f) (sorgente)	burim (m)	[burím]
letto (m) (~ del fiume)	shtrat lumi (m)	[ʃtrat lúmi]
bacino (m)	basen (m)	[basén]
sfociare nel ...	rrjedh ...	[rjéð ...]

| affluente (m) | derdhje (f) | [dérðjɛ] |
| riva (f) | breg (m) | [brɛg] |

corrente (f)	rrymë (f)	[rýmə]
a valle	rrjedhje e poshtme	[rjéðjɛ ɛ póʃtmɛ]
a monte	rrjedhje e sipërme	[rjéðjɛ ɛ sípərmɛ]

inondazione (f)	vërshim (m)	[vərʃím]
piena (f)	përmbytje (f)	[pərmbýtjɛ]
straripare (vi)	vërshon	[vərʃón]
inondare (vt)	përmbytet	[pərmbýtɛt]

| secca (f) | cekëtinë (f) | [tsɛkətínə] |
| rapida (f) | rrjedhë (f) | [rjéðə] |

diga (f)	digë (f)	[dígə]
canale (m)	kanal (m)	[kanál]
bacino (m) di riserva	rezervuar (m)	[rɛzɛrvuár]
chiusa (f)	pendë ujore (f)	[péndə ujórɛ]
specchio (m) d'acqua	plan hidrik (m)	[plan hidrík]
palude (f)	kënetë (f)	[kənétə]

| pantano (m) | moçal (m) | [motʃ ál] |
| vortice (m) | vorbull (f) | [vórbuɫ] |

ruscello (m)	përrua (f)	[pərúa]
potabile (agg)	i pijshëm	[i píjʃəm]
dolce (di acqua ~)	i freskët	[i fréskət]

| ghiaccio (m) | akull (m) | [ákuɫ] |
| ghiacciarsi (vr) | ngrihet | [ŋríhɛt] |

170. Foresta

| foresta (f) | pyll (m) | [pyɫ] |
| forestale (agg) | pyjor | [pyjór] |

foresta (f) fitta	pyll i ngjeshur (m)	[pyɫ i ŋɟéʃur]
boschetto (m)	zabel (m)	[zabél]
radura (f)	lëndinë (f)	[ləndínə]

| roveto (m) | pyllëz (m) | [pýɫəz] |
| boscaglia (f) | shkurre (f) | [ʃkúrɛ] |

| sentiero (m) | shteg (m) | [ʃtɛg] |
| calanco (m) | hon (m) | [hon] |

albero (m)	pemë (f)	[pémə]
foglia (f)	gjeth (m)	[ɟɛθ]
fogliame (m)	gjethe (pl)	[ɟéθɛ]

caduta (f) delle foglie	rënie e gjetheve (f)	[rəníɛ ɛ ɟéθɛvɛ]
cadere (vi)	bien	[bíɛn]
cima (f)	maje (f)	[májɛ]

ramo (m), ramoscello (m)	degë (f)	[dégə]
ramo (m)	degë (f)	[dégə]
gemma (f)	syth (m)	[syθ]
ago (m)	shtiza pishe (f)	[ʃtíza píʃɛ]
pigna (f)	lule pishe (f)	[lúlɛ píʃɛ]

cavità (f)	zgavër (f)	[zgávər]
nido (m)	fole (f)	[folé]
tana (f) (del fox, ecc.)	strofull (f)	[strófuɫ]

tronco (m)	trung (m)	[truŋ]
radice (f)	rrënjë (f)	[rə́ɲə]
corteccia (f)	lëvore (f)	[ləvórɛ]
musco (m)	myshk (m)	[myʃk]

sradicare (vt)	shkul	[ʃkul]
abbattere (~ un albero)	pres	[prɛs]
disboscare (vt)	shpyllëzoj	[ʃpyɫəzój]
ceppo (m)	cung (m)	[tsúŋ]
falò (m)	zjarr kampingu (m)	[zjar kampíŋu]
incendio (m) boschivo	zjarr në pyll (m)	[zjar nə pyɫ]

spegnere (vt)	shuaj	[ʃúaj]
guardia (f) forestale	roje pyjore (f)	[rójɛ pyjórɛ]
protezione (f)	mbrojtje (f)	[mbrójtjɛ]
proteggere (~ la natura)	mbroj	[mbrój]
bracconiere (m)	gjahtar i jashtëligjshëm (m)	[jahtár i jaʃtəlíjʃəm]
tagliola (f) (~ per orsi)	grackë (f)	[grátskə]

raccogliere (vt)	mbledh	[mbléð]
perdersi (vr)	humb rrugën	[húmb rúgən]

171. Risorse naturali

risorse (f pl) naturali	burime natyrore (pl)	[burímɛ natyrórɛ]
minerali (m pl)	minerale (pl)	[minɛrálɛ]
deposito (m) (~ di carbone)	depozita (pl)	[dɛpozíta]
giacimento (m) (~ petrolifero)	fushë (f)	[fúʃə]

estrarre (vt)	nxjerr	[ndzjér]
estrazione (f)	nxjerrje mineralesh (f)	[ndzjérjɛ minɛrálɛʃ]
minerale (m) grezzo	xehe (f)	[dzéhɛ]
miniera (f)	minierë (f)	[miniérə]
pozzo (m) di miniera	nivel (m)	[nivél]
minatore (m)	minator (m)	[minatór]

gas (m)	gaz (m)	[gaz]
gasdotto (m)	gazsjellës (m)	[gazsjéłəs]
petrolio (m)	naftë (f)	[náftə]
oleodotto (m)	naftësjellës (f)	[naftəsjéłəs]
torre (f) di estrazione	pus nafte (m)	[pus náftɛ]
torre (f) di trivellazione	burim nafte (m)	[burím náftɛ]
petroliera (f)	anije-cisternë (f)	[aníjɛ-tsistérnə]

sabbia (f)	rërë (f)	[rérə]
calcare (m)	gur gëlqeror (m)	[gur gəlcɛrór]
ghiaia (f)	zhavorr (m)	[ʒavór]
torba (f)	torfë (f)	[tórfə]
argilla (f)	argjilë (f)	[aɲílə]
carbone (m)	qymyr (m)	[cymýr]

ferro (m)	hekur (m)	[hékur]
oro (m)	ar (m)	[ár]
argento (m)	argjend (m)	[aɲénd]
nichel (m)	nikel (m)	[nikél]
rame (m)	bakër (m)	[bákər]

zinco (m)	zink (m)	[zink]
manganese (m)	mangan (m)	[maɲán]
mercurio (m)	merkur (m)	[mɛrkúr]
piombo (m)	plumb (m)	[plúmb]

minerale (m)	mineral (m)	[minɛrál]
cristallo (m)	kristal (m)	[kristál]
marmo (m)	mermer (m)	[mɛrmér]
uranio (m)	uranium (m)	[uraniúm]

La Terra. Parte 2

172. Tempo

tempo (m)	moti (m)	[móti]
previsione (f) del tempo	parashikimi i motit (m)	[paraʃikími i mótit]
temperatura (f)	temperaturë (f)	[tɛmpɛratúrə]
termometro (m)	termometër (m)	[tɛrmométər]
barometro (m)	barometër (m)	[barométər]
umido (agg)	i lagësht	[i lágəʃt]
umidità (f)	lagështi (f)	[lagəʃtí]
caldo (m), afa (f)	vapë (f)	[vápə]
molto caldo (agg)	shumë nxehtë	[ʃúmə ndzéhtə]
fa molto caldo	është nxehtë	[əʃtə ndzéhtə]
fa caldo	është ngrohtë	[əʃtə ŋróhtə]
caldo, mite (agg)	ngrohtë	[ŋróhtə]
fa freddo	bën ftohtë	[bən ftóhtə]
freddo (agg)	i ftohtë	[i ftóhtə]
sole (m)	diell (m)	[díɛɫ]
splendere (vi)	ndriçon	[ndritʃón]
di sole (una giornata ~)	me diell	[mɛ díɛɫ]
sorgere, levarsi (vr)	agon	[agón]
tramontare (vi)	perëndon	[pɛrəndón]
nuvola (f)	re (f)	[rɛ]
nuvoloso (agg)	vranët	[vránət]
nube (f) di pioggia	re shiu (f)	[rɛ ʃíu]
nuvoloso (agg)	vranët	[vránət]
pioggia (f)	shi (m)	[ʃi]
piove	bie shi	[bíɛ ʃi]
piovoso (agg)	me shi	[mɛ ʃi]
piovigginare (vi)	shi i imët	[ʃi i ímət]
pioggia (f) torrenziale	shi litar (m)	[ʃi litár]
acquazzone (m)	stuhi shiu (f)	[stuhí ʃíu]
forte (una ~ pioggia)	i fortë	[i fórtə]
pozzanghera (f)	brakë (f)	[brákə]
bagnarsi (~ sotto la pioggia)	lagem	[lágɛm]
foschia (f), nebbia (f)	mjegull (f)	[mjéguɫ]
nebbioso (agg)	e mjegullt	[ɛ mjéguɫt]
neve (f)	borë (f)	[bórə]
nevica	bie borë	[bíɛ bórə]

173. Rigide condizioni metereologiche. Disastri naturali

temporale (m)	stuhi (f)	[stuhí]
fulmine (f)	vetëtimë (f)	[vɛtətímə]
lampeggiare (vi)	vetëton	[vɛtətón]
tuono (m)	bubullimë (f)	[bubułímə]
tuonare (vi)	bubullon	[bubułón]
tuona	bubullon	[bubułón]
grandine (f)	breshër (m)	[bréʃər]
grandina	po bie breshër	[po biɛ bréʃər]
inondare (vt)	përmbytet	[pərmbýtɛt]
inondazione (f)	përmbytje (f)	[pərmbýtjɛ]
terremoto (m)	tërmet (m)	[tərmét]
scossa (f)	lëkundje (f)	[ləkúndjɛ]
epicentro (m)	epiqendër (f)	[ɛpicéndər]
eruzione (f)	shpërthim (m)	[ʃpərθím]
lava (f)	llavë (f)	[łávə]
tromba (f) d'aria	vorbull (f)	[vórbuł]
tornado (m)	tornado (f)	[tornádo]
tifone (m)	tajfun (m)	[tajfún]
uragano (m)	uragan (m)	[uragán]
tempesta (f)	stuhi (f)	[stuhí]
tsunami (m)	cunam (m)	[tsunám]
ciclone (m)	ciklon (m)	[tsiklón]
maltempo (m)	mot i keq (m)	[mot i kɛc]
incendio (m)	zjarr (m)	[zjar]
disastro (m)	fatkeqësi (f)	[fatkɛcəsí]
meteorite (m)	meteor (m)	[mɛtɛór]
valanga (f)	ortek (m)	[orték]
slavina (f)	rrëshqitje bore (f)	[rəʃcítjɛ bórɛ]
tempesta (f) di neve	stuhi bore (f)	[stuhí bórɛ]
bufera (f) di neve	stuhi bore (f)	[stuhí bórɛ]

Fauna

174. Mammiferi. Predatori

predatore (m)	grabitqar (m)	[grabitcár]
tigre (f)	tigër (m)	[tígər]
leone (m)	luan (m)	[luán]
lupo (m)	ujk (m)	[ujk]
volpe (m)	dhelpër (f)	[ðélpər]
giaguaro (m)	jaguar (m)	[jaguár]
leopardo (m)	leopard (m)	[lɛopárd]
ghepardo (m)	gepard (m)	[gɛpárd]
pantera (f)	panterë e zezë (f)	[pantérə ɛ zézə]
puma (f)	puma (f)	[púma]
leopardo (m) delle nevi	leopard i borës (m)	[lɛopárd i bórəs]
lince (f)	rrëqebull (m)	[rəcébuɫ]
coyote (m)	kojotë (f)	[kojótə]
sciacallo (m)	çakall (m)	[tʃakáɫ]
iena (f)	hienë (f)	[hiénə]

175. Animali selvatici

animale (m)	kafshë (f)	[káffə]
bestia (f)	bishë (f)	[bíʃə]
scoiattolo (m)	ketër (m)	[kétər]
riccio (m)	iriq (m)	[iríc]
lepre (f)	lepur i egër (m)	[lépur i égər]
coniglio (m)	lepur (m)	[lépur]
tasso (m)	vjedull (f)	[vjéduɫ]
procione (f)	rakun (m)	[rakún]
criceto (m)	hamster (m)	[hamstér]
marmotta (f)	marmot (m)	[marmót]
talpa (f)	urith (m)	[uríθ]
topo (m)	mi (m)	[mi]
ratto (m)	mi (m)	[mi]
pipistrello (m)	lakuriq (m)	[lakuríc]
ermellino (m)	herminë (f)	[hɛrmínə]
zibellino (m)	kunadhe (f)	[kunáðɛ]
martora (f)	shqarth (m)	[ʃcarθ]
donnola (f)	nuselalë (f)	[nusɛlálə]
visone (m)	vizon (m)	[vizón]

castoro (m)	kastor (m)	[kastór]
lontra (f)	vidër (f)	[vídər]
cavallo (m)	kali (m)	[káli]
alce (m)	dre brilopatë (m)	[drɛ brilopátə]
cervo (m)	dre (f)	[drɛ]
cammello (m)	deve (f)	[dévɛ]
bisonte (m) americano	bizon (m)	[bizón]
bisonte (m) europeo	bizon evropian (m)	[bizón ɛvropián]
bufalo (m)	buall (m)	[búaɫ]
zebra (f)	zebër (f)	[zébər]
antilope (f)	antilopë (f)	[antilópə]
capriolo (m)	dre (f)	[drɛ]
daino (m)	dre ugar (m)	[drɛ ugár]
camoscio (m)	kamosh (m)	[kamóʃ]
cinghiale (m)	derr i egër (m)	[dér i égər]
balena (f)	balenë (f)	[balénə]
foca (f)	fokë (f)	[fókə]
tricheco (m)	lopë deti (f)	[lópə déti]
otaria (f)	fokë (f)	[fókə]
delfino (m)	delfin (m)	[dɛlfín]
orso (m)	ari (m)	[arí]
orso (m) bianco	ari polar (m)	[arí polár]
panda (m)	panda (f)	[pánda]
scimmia (f)	majmun (m)	[majmún]
scimpanzè (m)	shimpanze (f)	[ʃimpánzɛ]
orango (m)	orangutan (m)	[oraŋután]
gorilla (m)	gorillë (f)	[goríɫə]
macaco (m)	majmun makao (m)	[majmún makáo]
gibbone (m)	gibon (m)	[gibón]
elefante (m)	elefant (m)	[ɛlɛfánt]
rinoceronte (m)	rinoqeront (m)	[rinocɛrónt]
giraffa (f)	gjirafë (f)	[ɟiráfə]
ippopotamo (m)	hipopotam (m)	[hipopotám]
canguro (m)	kangur (m)	[kaŋúr]
koala (m)	koala (f)	[koála]
mangusta (f)	mangustë (f)	[maŋústə]
cincillà (f)	çinçila (f)	[tʃintʃíla]
moffetta (f)	qelbës (m)	[célbəs]
istrice (m)	ferrëgjatë (m)	[fɛrəɟátə]

176. Animali domestici

gatta (f)	mace (f)	[mátsɛ]
gatto (m)	maçok (m)	[matʃók]
cane (m)	qen (m)	[cɛn]

cavallo (m)	kali (m)	[káli]
stallone (m)	hamshor (m)	[hamʃór]
giumenta (f)	pelë (f)	[pélə]

mucca (f)	lopë (f)	[lópə]
toro (m)	dem (m)	[dém]
bue (m)	ka (m)	[ka]

pecora (f)	dele (f)	[délɛ]
montone (m)	dash (m)	[daʃ]
capra (f)	dhi (f)	[ði]
caprone (m)	cjap (m)	[tsjáp]

| asino (m) | gomar (m) | [gomár] |
| mulo (m) | mushkë (f) | [múʃkə] |

porco (m)	derr (m)	[dɛr]
porcellino (m)	derrkuc (m)	[dɛrkúts]
coniglio (m)	lepur (m)	[lépur]

| gallina (f) | pulë (f) | [púlə] |
| gallo (m) | gjel (m) | [ɟél] |

anatra (f)	rosë (f)	[rósə]
maschio (m) dell'anatra	rosak (m)	[rosák]
oca (f)	patë (f)	[pátə]

| tacchino (m) | gjel deti i egër (m) | [ɟél déti i égər] |
| tacchina (f) | gjel deti (m) | [ɟél déti] |

animali (m pl) domestici	kafshë shtëpiake (f)	[káfʃə ʃtəpiákɛ]
addomesticato (agg)	i zbutur	[i zbútur]
addomesticare (vt)	zbus	[zbus]
allevare (vt)	rrit	[rit]

fattoria (f)	fermë (f)	[férmə]
pollame (m)	pulari (f)	[pularí]
bestiame (m)	bagëti (f)	[bagətí]
branco (m), mandria (f)	kope (f)	[kopé]

scuderia (f)	stallë (f)	[stálə]
porcile (m)	stallë e derrave (f)	[stálə ɛ déravɛ]
stalla (f)	stallë e lopëve (f)	[stálə ɛ lópəvɛ]
conigliera (f)	kolibe lepujsh (f)	[kolíbɛ lépujʃ]
pollaio (m)	kotec (m)	[kotéts]

177. Cani. Razze canine

cane (m)	qen (m)	[cɛn]
cane (m) da pastore	qen dhensh (m)	[cɛn ðɛnʃ]
pastore (m) tedesco	pastor gjerman (m)	[pastór ɟɛrmán]
barbone (m)	pudël (f)	[púdəl]
bassotto (m)	dakshund (m)	[dákshund]
bulldog (m)	bulldog (m)	[buɫdóg]

boxer (m)	bokser (m)	[boksér]
mastino (m)	mastif (m)	[mastíf]
rottweiler (m)	rotvailer (m)	[rotvailér]
dobermann (m)	doberman (m)	[dobɛrmán]

bassotto (m)	baset (m)	[basét]
bobtail (m)	bishtshkurtër (m)	[biʃtʃkúrtər]
dalmata (m)	dalmat (m)	[dalmát]
cocker (m)	koker spaniel (m)	[kokér spaniél]

| terranova (m) | terranova (f) | [tɛranóva] |
| sanbernardo (m) | Seint-Bernard (m) | [séint-bɛrnárd] |

husky (m)	haski (m)	[háski]
chow chow (m)	çau çau (m)	[tʃáu tʃáu]
volpino (m)	dhelpërush (m)	[ðɛlpərúʃ]
carlino (m)	karlino (m)	[karlíno]

178. Versi emessi dagli animali

abbaiamento (m)	lehje (f)	[léhjɛ]
abbaiare (vi)	leh	[lɛh]
miagolare (vi)	mjaullin	[mjauɫín]
fare le fusa	gërhimë	[gərhímə]

muggire (vacca)	bën mu	[bən mú]
muggire (toro)	pëllet	[pəɫét]
ringhiare (vi)	hungërin	[huŋərín]

ululato (m)	hungërimë (f)	[huŋərímə]
ululare (vi)	hungëroj	[huŋərój]
guaire (vi)	angullin	[aŋuɫín]

belare (pecora)	blegërin	[blɛgərín]
grugnire (maiale)	hungërin	[huŋərín]
squittire (vi)	klith	[kliθ]

gracidare (rana)	bën kuak	[bən kuák]
ronzare (insetto)	zukat	[zukát]
frinire (vi)	gumëzhin	[guməʒín]

179. Uccelli

uccello (m)	zog (m)	[zog]
colombo (m), piccione (m)	pëllumb (m)	[pəɫúmb]
passero (m)	harabel (m)	[harabél]
cincia (f)	xhixhimës (m)	[dʒidʒimés]
gazza (f)	laraskë (f)	[laráskə]

corvo (m)	korb (m)	[korb]
cornacchia (f)	sorrë (f)	[sórə]
taccola (f)	galë (f)	[gálə]

corvo (m) nero	sorrë (f)	[sórə]
anatra (f)	rosë (f)	[rósə]
oca (f)	patë (f)	[pátə]
fagiano (m)	fazan (m)	[fazán]

aquila (f)	shqiponjë (f)	[ʃcipóɲə]
astore (m)	gjeraqinë (f)	[ɟɛracínə]
falco (m)	fajkua (f)	[fajkúa]

| grifone (m) | hutë (f) | [hútə] |
| condor (m) | kondor (m) | [kondór] |

cigno (m)	mjellmë (f)	[mjéɫmə]
gru (f)	lejlek (m)	[lɛjlék]
cicogna (f)	lejlek (m)	[lɛjlék]

pappagallo (m)	papagall (m)	[papagáɫ]
colibrì (m)	kolibri (m)	[kolíbri]
pavone (m)	pallua (m)	[paɫúa]

| struzzo (m) | struc (m) | [struts] |
| airone (m) | çafkë (f) | [tʃáfkə] |

| fenicottero (m) | flamingo (m) | [flamíŋo] |
| pellicano (m) | pelikan (m) | [pɛlikán] |

| usignolo (m) | bilbil (m) | [bilbíl] |
| rondine (f) | dallëndyshe (f) | [daɫəndýʃɛ] |

tordo (m)	mëllenjë (f)	[məɫéɲə]
tordo (m) sasello	grifsha (f)	[grífʃa]
merlo (m)	mëllenjë (f)	[məɫéɲə]

rondone (m)	dallëndyshe (f)	[daɫəndýʃɛ]
allodola (f)	thëllëzë (f)	[θəɫézə]
quaglia (f)	trumcak (m)	[trumtsák]

picchio (m)	qukapik (m)	[cukapík]
cuculo (m)	kukuvajkë (f)	[kukuvájkə]
civetta (f)	buf (m)	[bufʃ]
gufo (m) reale	buf mbretëror (m)	[buf mbrɛtərór]
urogallo (m)	fazan i pyllit (m)	[fazán i pýɫit]

| fagiano (m) di monte | fazan i zi (m) | [fazán i zí] |
| pernice (f) | thëllëzë (f) | [θəɫézə] |

storno (m)	gargull (m)	[gárguɫ]
canarino (m)	kanarinë (f)	[kanarínə]
francolino (m) di monte	fazan mali (m)	[fazán máli]

| fringuello (m) | trishtil (m) | [triʃtíl] |
| ciuffolotto (m) | trishtil dimri (m) | [triʃtíl dímri] |

gabbiano (m)	pulëbardhë (f)	[puləbárðə]
albatro (m)	albatros (m)	[albatrós]
pinguino (m)	penguin (m)	[pɛŋuín]

180. Uccelli. Cinguettio e versi

cantare (vi)	këndoj	[kəndój]
gridare (vi)	thërras	[θərás]
cantare (gallo)	kakaris	[kakarís]
chicchirichì (m)	kikiriku	[kikiríku]
chiocciare (gallina)	kakaris	[kakarís]
gracchiare (vi)	krokas	[krokás]
fare qua qua	bën kuak kuak	[bən kuák kuák]
pigolare (vi)	pisket	[piskét]
cinguettare (vi)	cicëroj	[tsitsərój]

181. Pesci. Animali marini

abramide (f)	krapuliq (m)	[krapulíc]
carpa (f)	krap (m)	[krap]
perca (f)	perç (m)	[pɛrtʃ]
pesce (m) gatto	mustak (m)	[musták]
luccio (m)	mlysh (m)	[mlýʃ]
salmone (m)	salmon (m)	[salmón]
storione (m)	bli (m)	[blí]
aringa (f)	harengë (f)	[haréŋə]
salmone (m)	salmon Atlantiku (m)	[salmón atlantíku]
scombro (m)	skumbri (m)	[skúmbri]
sogliola (f)	shojzë (f)	[ʃójzə]
lucioperca (f)	troftë (f)	[tróftə]
merluzzo (m)	merluc (m)	[mɛrlúts]
tonno (m)	tunë (f)	[túnə]
trota (f)	troftë (f)	[tróftə]
anguilla (f)	ngjalë (f)	[ɲálə]
torpedine (f)	peshk elektrik (m)	[pɛʃk ɛlɛktrík]
murena (f)	ngjalë morel (f)	[ɲálə morél]
piranha (f)	piranja (f)	[pirápa]
squalo (m)	peshkaqen (m)	[pɛʃkacén]
delfino (m)	delfin (m)	[dɛlfín]
balena (f)	balenë (f)	[balénə]
granchio (m)	gaforre (f)	[gafórɛ]
medusa (f)	kandil deti (m)	[kandíl déti]
polpo (m)	oktapod (m)	[oktapód]
stella (f) marina	yll deti (m)	[yɫ déti]
riccio (m) di mare	iriq deti (m)	[iríc déti]
cavalluccio (m) marino	kalë deti (m)	[kálə déti]
ostrica (f)	midhje (f)	[míðjɛ]
gamberetto (m)	karkalec (m)	[karkaléts]

| astice (m) | karavidhe (f) | [karavíðɛ] |
| aragosta (f) | karavidhe (f) | [karavíðɛ] |

182. Anfibi. Rettili

| serpente (m) | gjarpër (m) | [ɟárpər] |
| velenoso (agg) | helmues | [hɛlmúɛs] |

vipera (f)	nepërka (f)	[nɛpə́rka]
cobra (m)	kobra (f)	[kóbra]
pitone (m)	piton (m)	[pitón]
boa (m)	boa (f)	[bóa]

biscia (f)	kular (m)	[kulár]
serpente (m) a sonagli	gjarpër me zile (m)	[ɟárpər mɛ zílɛ]
anaconda (f)	anakonda (f)	[anakónda]

lucertola (f)	hardhucë (f)	[harðútsə]
iguana (f)	iguana (f)	[iguána]
varano (m)	varan (m)	[varán]
salamandra (f)	salamandër (f)	[salamándər]
camaleonte (m)	kameleon (m)	[kamɛlɛón]
scorpione (m)	akrep (m)	[akrép]

tartaruga (f)	breshkë (f)	[bréʃkə]
rana (f)	bretkosë (f)	[brɛtkósə]
rospo (m)	zhabë (f)	[ʒábə]
coccodrillo (m)	krokodil (m)	[krokodíl]

183. Insetti

insetto (m)	insekt (m)	[insékt]
farfalla (f)	flutur (f)	[flútur]
formica (f)	milingonë (f)	[miliŋónə]
mosca (f)	mizë (f)	[mízə]
zanzara (f)	mushkonjë (f)	[muʃkóɲə]
scarabeo (m)	brumbull (m)	[brúmbuɫ]

vespa (f)	grerëz (f)	[grérəz]
ape (f)	bletë (f)	[blétə]
bombo (m)	greth (m)	[grɛθ]
tafano (m)	zekth (m)	[zɛkθ]

| ragno (m) | merimangë (f) | [mɛrimáŋə] |
| ragnatela (f) | rrjetë merimange (f) | [rjétə mɛrimáŋɛ] |

libellula (f)	pilivesë (f)	[pilivésə]
cavalletta (f)	karkalec (m)	[karkaléts]
farfalla (f) notturna	molë (f)	[mólə]

| scarafaggio (m) | kacabu (f) | [katsabú] |
| zecca (f) | rriqër (m) | [rícər] |

| pulce (f) | plesht (m) | [plɛʃt] |
| moscerino (m) | mushicë (f) | [muʃítsə] |

locusta (f)	gjinkallë (f)	[ɟinkátə]
lumaca (f)	kërmill (m)	[kərmít]
grillo (m)	bulkth (m)	[búlkθ]
lucciola (f)	xixëllonjë (f)	[dzidzətóɲə]
coccinella (f)	mollëkuqe (f)	[motəkúcɛ]
maggiolino (m)	vizhë (f)	[víʒə]

sanguisuga (f)	shushunjë (f)	[ʃuʃúɲə]
bruco (m)	vemje (f)	[vémjɛ]
verme (m)	krimb toke (m)	[krímb tókɛ]
larva (f)	larvë (f)	[lárvə]

184. Animali. Parti del corpo

becco (m)	sqep (m)	[scɛp]
ali (f pl)	flatra (pl)	[flátra]
zampa (f)	kёmbë (f)	[kémbə]
piumaggio (m)	pupla (pl)	[púpla]
penna (f), piuma (f)	pupël (f)	[púpəl]
cresta (f)	kreshtë (f)	[kréʃtə]

branchia (f)	velëz (f)	[véləz]
uova (f pl)	vezë peshku (f)	[vézə péʃku]
larva (f)	larvë (f)	[lárvə]
pinna (f)	krah (m)	[krah]
squama (f)	luspë (f)	[lúspə]

zanna (f)	dhëmb prerës (m)	[ðəmb prérəs]
zampa (f)	shputë (f)	[ʃpútə]
muso (m)	turi (m)	[turí]
bocca (f)	gojë (f)	[gójə]
coda (f)	bisht (m)	[biʃt]
baffi (m pl)	mustaqe (f)	[mustácɛ]

| zoccolo (m) | thundër (f) | [θúndər] |
| corno (m) | bri (m) | [brí] |

carapace (f)	karapaks (m)	[karapáks]
conchiglia (f)	guaskë (f)	[guáskə]
guscio (m) dell'uovo	lëvozhgë veze (f)	[ləvóʒgə vézɛ]

| pelo (m) | qime (f) | [címɛ] |
| pelle (f) | lëkurë kafshe (f) | [ləkúrə káfʃɛ] |

185. Animali. Ambiente naturale

ambiente (m) naturale	banesë (f)	[banésə]
migrazione (f)	migrim (m)	[migrím]
monte (m), montagna (f)	mal (m)	[mal]

| scogliera (f) | shkëmb nënujor (m) | [ʃkəmb nənujór] |
| falesia (f) | shkëmb (m) | [ʃkəmb] |

foresta (f)	pyll (m)	[pyɫ]
giungla (f)	xhungël (f)	[dʒúŋəl]
savana (f)	savana (f)	[savána]
tundra (f)	tundra (f)	[túndra]

steppa (f)	stepa (f)	[stépa]
deserto (m)	shkretëtirë (f)	[ʃkrɛtətírə]
oasi (f)	oazë (f)	[oázə]

mare (m)	det (m)	[dét]
lago (m)	liqen (m)	[licén]
oceano (m)	oqean (m)	[ocɛán]

palude (f)	kënetë (f)	[kənétə]
di acqua dolce	ujëra të ëmbla	[újəra tə əmbla]
stagno (m)	pellg (m)	[pɛɫg]
fiume (m)	lum (m)	[lum]

tana (f) (dell'orso)	strofull (f)	[strófuɫ]
nido (m)	fole (f)	[folé]
cavità (f) (~ in un albero)	zgavër (f)	[zgávər]
tana (f) (del fox, ecc.)	strofull (f)	[strófuɫ]
formicaio (m)	mal milingonash (m)	[mal miliŋónaʃ]

Flora

186. Alberi

albero (m)	pemë (f)	[pémə]
deciduo (agg)	gjethor	[ɟɛθór]
conifero (agg)	halor	[halór]
sempreverde (agg)	përherë të gjelbra	[pərhérə tə ɟélbra]

melo (m)	pemë molle (f)	[pémə mótɛ]
pero (m)	pemë dardhe (f)	[pémə dárðɛ]
ciliegio (m)	pemë qershie (f)	[pémə cɛrʃíɛ]
amareno (m)	pemë qershi vishnje (f)	[pémə cɛrʃí víʃɲɛ]
prugno (m)	pemë kumbulle (f)	[pémə kúmbuɫɛ]

betulla (f)	mështekna (f)	[məʃtékna]
quercia (f)	lis (m)	[lis]
tiglio (m)	bli (m)	[blí]
pioppo (m) tremolo	plep i egër (m)	[plɛp i égər]
acero (m)	panjë (f)	[páɲə]
abete (m)	bredh (m)	[brɛð]
pino (m)	pishë (f)	[píʃə]
larice (m)	larsh (m)	[lárʃ]
abete (m) bianco	bredh i bardhë (m)	[brɛð i bárðə]
cedro (m)	kedër (m)	[kédər]

pioppo (m)	plep (m)	[plɛp]
sorbo (m)	vadhë (f)	[váðə]
salice (m)	shelg (m)	[ʃɛlg]
alno (m)	verr (m)	[vɛr]
faggio (m)	ah (m)	[ah]
olmo (m)	elm (m)	[élm]
frassino (m)	shelg (m)	[ʃɛlg]
castagno (m)	gështenjë (f)	[gəʃtéɲə]

magnolia (f)	manjolia (f)	[maɲólia]
palma (f)	palma (f)	[pálma]
cipresso (m)	qiparis (m)	[ciparís]

mangrovia (f)	rizoforë (f)	[rizofórə]
baobab (m)	baobab (m)	[baobáb]
eucalipto (m)	eukalipt (m)	[ɛukalípt]
sequoia (f)	sekuojë (f)	[sɛkuójə]

187. Arbusti

cespuglio (m)	shkurre (f)	[ʃkúrɛ]
arbusto (m)	kaçube (f)	[katʃúbɛ]

| vite (f) | hardhi (f) | [harðí] |
| vigneto (m) | vreshtë (f) | [vréʃtə] |

lampone (m)	mjedër (f)	[mjédər]
ribes (m) nero	kaliboba e zezë (f)	[kalibóba ɛ zézə]
ribes (m) rosso	kaliboba e kuqe (f)	[kalibóba ɛ kúcɛ]
uva (f) spina	shkurre kulumbrie (f)	[ʃkúrɛ kulumbríɛ]

acacia (f)	akacie (f)	[akátsiɛ]
crespino (m)	krespinë (f)	[krɛspínə]
gelsomino (m)	jasemin (m)	[jasɛmín]

ginepro (m)	dëllinjë (f)	[dəɬíɲə]
roseto (m)	trëndafil (m)	[trəndafíl]
rosa (f) canina	trëndafil i egër (m)	[trəndafíl i égər]

188. Funghi

fungo (m)	kërpudhë (f)	[kərpúðə]
fungo (m) commestibile	kërpudhë ushqyese (f)	[kərpúðə uʃcýɛsɛ]
fungo (m) velenoso	kërpudhë helmuese (f)	[kərpúðə hɛlmúɛsɛ]
cappello (m)	koka e kërpudhës (f)	[kóka ɛ kərpúðəs]
gambo (m)	bishti i kërpudhës (m)	[bíʃti i kərpúðəs]

porcino (m)	porcini (m)	[portsíni]
boleto (m) rufo	kërpudhë kapuç-verdhë (f)	[kərpúðə kapútʃ-vérðə]
porcinello (m)	porcinela (f)	[portsinéla]
gallinaccio (m)	shanterele (f)	[ʃantɛrélɛ]
rossola (f)	rusula (f)	[rúsula]

spugnola (f)	morele (f)	[morélɛ]
ovolaccio (m)	kësulkuqe (f)	[kəsulkúcɛ]
fungo (m) moscario	kërpudha e vdekjes (f)	[kərpúða ɛ vdékjɛs]

189. Frutti. Bacche

| frutto (m) | frut (m) | [frut] |
| frutti (m pl) | fruta (pl) | [frúta] |

mela (f)	mollë (f)	[móɬə]
pera (f)	dardhë (f)	[dárðə]
prugna (f)	kumbull (f)	[kúmbuɬ]

fragola (f)	luleshtrydhe (f)	[lulɛʃtrýðɛ]
amarena (f)	qershi vishnje (f)	[cɛrʃí víʃɲɛ]
ciliegia (f)	qershi (f)	[cɛrʃí]
uva (f)	rrush (m)	[ruʃ]

lampone (m)	mjedër (f)	[mjédər]
ribes (m) nero	kaliboba e zezë (f)	[kalibóba ɛ zézə]
ribes (m) rosso	kaliboba e kuqe (f)	[kalibóba ɛ kúcɛ]
uva (f) spina	kulumbri (f)	[kulumbrí]

173

mirtillo (m) di palude	boronica (f)	[boronítsa]
arancia (f)	portokall (m)	[portokáł]
mandarino (m)	mandarinë (f)	[mandarínə]
ananas (m)	ananas (m)	[ananás]
banana (f)	banane (f)	[banánɛ]
dattero (m)	hurmë (f)	[húrmə]

limone (m)	limon (m)	[limón]
albicocca (f)	kajsi (f)	[kajsí]
pesca (f)	pjeshkë (f)	[pjéʃkə]
kiwi (m)	kivi (m)	[kívi]
pompelmo (m)	grejpfrut (m)	[grɛjpfrút]

bacca (f)	manë (f)	[mánə]
bacche (f pl)	mana (f)	[mána]
mirtillo (m) rosso	boronicë mirtile (f)	[boronítsə mirtílɛ]
fragola (f) di bosco	luleshtrydhe e egër (f)	[lulɛʃtrýðɛ ɛ égər]
mirtillo (m)	boronicë (f)	[boronítsə]

190. Fiori. Piante

fiore (m)	lule (f)	[lúlɛ]
mazzo (m) di fiori	buqetë (f)	[bucétə]

rosa (f)	trëndafil (m)	[trəndafíl]
tulipano (m)	tulipan (m)	[tulipán]
garofano (m)	karafil (m)	[karafíl]
gladiolo (m)	gladiolë (f)	[gladiólə]

fiordaliso (m)	lule misri (f)	[lúlɛ mísri]
campanella (f)	lule këmborë (f)	[lúlɛ kəmbórə]
soffione (m)	luleradhiqe (f)	[lulɛraðícɛ]
camomilla (f)	kamomil (m)	[kamomíl]

aloe (m)	aloe (f)	[alóɛ]
cactus (m)	kaktus (m)	[kaktús]
ficus (m)	fikus (m)	[fíkus]

giglio (m)	zambak (m)	[zambák]
geranio (m)	barbarozë (f)	[barbarózə]
giacinto (m)	zymbyl (m)	[zymbýl]

mimosa (f)	mimoza (f)	[mimóza]
narciso (m)	narcis (m)	[nartsís]
nasturzio (m)	lule këmbore (f)	[lúlɛ kəmbórɛ]

orchidea (f)	orkide (f)	[orkidé]
peonia (f)	bozhure (f)	[boʒúrɛ]
viola (f)	vjollcë (f)	[vjółtsə]

viola (f) del pensiero	lule vjollca (f)	[lúlɛ vjółtsa]
nontiscordardimé (m)	mosmëharro (f)	[mosməharó]
margherita (f)	margaritë (f)	[margarítə]
papavero (m)	lulëkuqe (f)	[luləkúcɛ]

| canapa (f) | kërp (m) | [kérp] |
| menta (f) | mendër (f) | [méndər] |

| mughetto (m) | zambak i fushës (m) | [zambák i fúʃəs] |
| bucaneve (m) | luleborë (f) | [lulɛbórə] |

ortica (f)	hithra (f)	[híθra]
acetosa (f)	lëpjeta (f)	[ləpjéta]
ninfea (f)	zambak uji (m)	[zambák úji]
felce (f)	fier (m)	[fíɛr]
lichene (m)	likene (f)	[likénɛ]

serra (f)	serrë (f)	[sérə]
prato (m) erboso	lëndinë (f)	[ləndínə]
aiuola (f)	kënd lulishteje (m)	[kənd lulíʃtɛjɛ]

pianta (f)	bimë (f)	[bímə]
erba (f)	bar (m)	[bar]
filo (m) d'erba	fije bari (f)	[fíjɛ bári]

foglia (f)	gjeth (m)	[ɟɛθ]
petalo (m)	petale (f)	[pɛtálɛ]
stelo (m)	bisht (m)	[biʃt]
tubero (m)	zhardhok (m)	[ʒarðók]

| germoglio (m) | filiz (m) | [filíz] |
| spina (f) | gjemb (m) | [ɟémb] |

fiorire (vi)	lulëzoj	[luləzój]
appassire (vi)	vyshket	[výʃkɛt]
odore (m), profumo (m)	aromë (f)	[arómə]
tagliare (~ i fiori)	pres lulet	[prɛs lúlɛt]
cogliere (vt)	mbledh lule	[mbléð lúlɛ]

191. Cereali, granaglie

grano (m)	drithë (m)	[dríθə]
cereali (m pl)	drithëra (pl)	[dríθəra]
spiga (f)	kaush (m)	[kaúʃ]

frumento (m)	grurë (f)	[grúrə]
segale (f)	thekër (f)	[θékər]
avena (f)	tërshërë (f)	[tərʃérə]
miglio (m)	mel (m)	[mɛl]
orzo (m)	elb (m)	[ɛlb]
mais (m)	misër (m)	[mísər]
riso (m)	oriz (m)	[oríz]
grano (m) saraceno	hikërr (m)	[híkər]

pisello (m)	bizele (f)	[bizélɛ]
fagiolo (m)	groshë (f)	[gróʃə]
soia (f)	sojë (f)	[sójə]
lenticchie (f pl)	thjerrëz (f)	[θjérəz]
fave (f pl)	fasule (f)	[fasúlɛ]

GEOGRAFIA REGIONALE

Paesi. Nazionalità

192. Politica. Governo. Parte 1

politica (f)	politikë (f)	[politíkə]
politico (agg)	politike	[politíkɛ]
politico (m)	politikan (m)	[politikán]
stato (m) (nazione, paese)	shtet (m)	[ʃtɛt]
cittadino (m)	nënshtetas (m)	[nənʃtétas]
cittadinanza (f)	nënshtetësi (f)	[nənʃtɛtəsí]
emblema (m) nazionale	simbol kombëtar (m)	[simból kombətár]
inno (m) nazionale	himni kombëtar (m)	[hímni kombətár]
governo (m)	qeveri (f)	[cɛvɛrí]
capo (m) di Stato	kreu i shtetit (m)	[kréu i ʃtétit]
parlamento (m)	parlament (m)	[parlamént]
partito (m)	parti (f)	[partí]
capitalismo (m)	kapitalizëm (m)	[kapitalízəm]
capitalistico (agg)	kapitalist	[kapitalíst]
socialismo (m)	socializëm (m)	[sotsialízəm]
socialista (agg)	socialist	[sotsialíst]
comunismo (m)	komunizëm (m)	[komunízəm]
comunista (agg)	komunist	[komuníst]
comunista (m)	komunist (m)	[komuníst]
democrazia (f)	demokraci (f)	[dɛmokratsí]
democratico (m)	demokrat (m)	[dɛmokrát]
democratico (agg)	demokratik	[dɛmokratík]
partito (m) democratico	parti demokratike (f)	[partí dɛmokratíkɛ]
liberale (m)	liberal (m)	[libɛrál]
liberale (agg)	liberal	[libɛrál]
conservatore (m)	konservativ (m)	[konsɛrvatív]
conservatore (agg)	konservativ	[konsɛrvatív]
repubblica (f)	republikë (f)	[rɛpublíkə]
repubblicano (m)	republikan (m)	[rɛpublikán]
partito (m) repubblicano	parti republikane (f)	[partí rɛpublikánɛ]
elezioni (f pl)	zgjedhje (f)	[zɟéðjɛ]
eleggere (vt)	zgjedh	[zɟɛð]

| elettore (m) | zgjedhës (m) | [zʲéðəs] |
| campagna (f) elettorale | fushatë zgjedhore (f) | [fuʃátə zʲɛðóɾɛ] |

votazione (f)	votim (m)	[votím]
votare (vi)	votoj	[votój]
diritto (m) di voto	e drejta e votës (f)	[ɛ dréjta ɛ vótəs]

candidato (m)	kandidat (m)	[kandidát]
candidarsi (vr)	jam kandidat	[jam kandidát]
campagna (f)	fushatë (f)	[fuʃátə]

| d'opposizione (agg) | opozitar | [opozitár] |
| opposizione (f) | opozitë (f) | [opozítə] |

visita (f)	vizitë (f)	[vizítə]
visita (f) ufficiale	vizitë zyrtare (f)	[vizítə zyrtárɛ]
internazionale (agg)	ndërkombëtar	[ndərkombətár]

| trattative (f pl) | negociata (f) | [nɛgotsiáta] |
| negoziare (vi) | negocioj | [nɛgotsiój] |

193. Politica. Governo. Parte 2

società (f)	shoqëri (f)	[ʃocərí]
costituzione (f)	kushtetutë (f)	[kuʃtɛtútə]
potere (m) (~ politico)	pushtet (m)	[puʃtét]
corruzione (f)	korrupsion (m)	[korupsión]

| legge (f) | ligj (m) | [liɟ] |
| legittimo (agg) | ligjor | [liɟór] |

| giustizia (f) | drejtësi (f) | [drɛjtəsí] |
| giusto (imparziale) | e drejtë | [ɛ dréjtə] |

comitato (m)	komitet (m)	[komitét]
disegno (m) di legge	projektligj (m)	[projɛktlíɟ]
bilancio (m)	buxhet (m)	[budʒét]
politica (f)	politikë (f)	[politíkə]
riforma (f)	reformë (f)	[rɛfórmə]
radicale (agg)	radikal	[radikál]

forza (f) (potenza)	fuqi (f)	[fucí]
potente (agg)	i fuqishëm	[i fucíʃəm]
sostenitore (m)	mbështetës (m)	[mbəʃtétəs]
influenza (f)	ndikim (m)	[ndikím]

regime (m) (~ militare)	regjim (m)	[rɛɟím]
conflitto (m)	konflikt (m)	[konflíkt]
complotto (m)	komplot (m)	[komplót]
provocazione (f)	provokim (m)	[provokím]

rovesciare (~ un regime)	rrëzoj	[rəzój]
rovesciamento (m)	rrëzim (m)	[rəzím]
rivoluzione (f)	revolucion (m)	[rɛvolutsión]

| colpo (m) di Stato | grusht shteti (m) | [grúʃt ʃtéti] |
| golpe (m) militare | puç ushtarak (m) | [putʃ uʃtarák] |

crisi (f)	krizë (f)	[krízə]
recessione (f) economica	recesion ekonomik (m)	[rɛtsɛsión ɛkonomík]
manifestante (m)	protestues (m)	[protɛstúɛs]
manifestazione (f)	protestë (f)	[protéstə]
legge (f) marziale	ligj ushtarak (m)	[liɟ uʃtarák]
base (f) militare	bazë ushtarake (f)	[bázə uʃtarákɛ]

| stabilità (f) | stabilitet (m) | [stabilitét] |
| stabile (agg) | stabil | [stabíl] |

| sfruttamento (m) | shfrytëzim (m) | [ʃfrytəzím] |
| sfruttare (~ i lavoratori) | shfrytëzoj | [ʃfrytəzój] |

razzismo (m)	racizëm (m)	[ratsízəm]
razzista (m)	racist (m)	[ratsíst]
fascismo (m)	fashizëm (m)	[faʃízəm]
fascista (m)	fashist (m)	[faʃíst]

194. Paesi. Varie

straniero (m)	i huaj (m)	[i húaj]
straniero (agg)	huaj	[húaj]
all'estero	jashtë shteti	[jáʃtə ʃtéti]

emigrato (m)	emigrant (m)	[ɛmigránt]
emigrazione (f)	emigracion (m)	[ɛmigratsión]
emigrare (vi)	emigroj	[ɛmigrój]

Ovest (m)	Perëndimi (m)	[pɛrəndími]
Est (m)	Lindja (f)	[líndja]
Estremo Oriente (m)	Lindja e Largët (f)	[líndja ɛ lárgət]

civiltà (f)	civilizim (m)	[tsivilizím]
umanità (f)	njerëzia (f)	[ɲɛrəzía]
mondo (m)	bota (f)	[bóta]
pace (f)	paqe (f)	[pácɛ]
mondiale (agg)	botëror	[botərór]

patria (f)	atdhe (f)	[atðé]
popolo (m)	njerëz (m)	[ɲérəz]
popolazione (f)	popullsi (f)	[popuɫsí]
gente (f)	njerëz (m)	[ɲérəz]
nazione (f)	komb (m)	[komb]
generazione (f)	brez (m)	[brɛz]

territorio (m)	zonë (f)	[zónə]
regione (f)	rajon (m)	[rajón]
stato (m)	shtet (m)	[ʃtɛt]

| tradizione (f) | traditë (f) | [tradítə] |
| costume (m) | zakon (m) | [zakón] |

ecologia (f)	ekologjia (f)	[εkoloɟía]
indiano (m)	Indian të Amerikës (m)	[indián tə amεríkəs]
zingaro (m)	jevg (m)	[jεvg]
zingara (f)	jevge (f)	[jévgɛ]
di zingaro	jevg	[jεvg]

impero (m)	perandori (f)	[pɛrandorí]
colonia (f)	koloni (f)	[koloní]
schiavitù (f)	skllevëri (m)	[sklɛvərí]
invasione (f)	pushtim (m)	[puʃtím]
carestia (f)	uria (f)	[uría]

195. Principali gruppi religiosi. Credi religiosi

religione (f)	religjion (m)	[rɛliɟión]
religioso (agg)	religjioz	[rɛliɟióz]

fede (f)	fe, besim (m)	[fé], [bɛsím]
credere (vi)	besoj	[bɛsój]
credente (m)	besimtar (m)	[bɛsimtár]

ateismo (m)	ateizëm (m)	[atɛízəm]
ateo (m)	ateist (m)	[atɛíst]

cristianesimo (m)	Krishterimi (m)	[kriʃtɛrími]
cristiano (m)	i krishterë (m)	[i kriʃtérə]
cristiano (agg)	krishterë	[kriʃtérə]

cattolicesimo (m)	Katolicizëm (m)	[katolitsízəm]
cattolico (m)	Katolik (m)	[katolík]
cattolico (agg)	katolik	[katolík]

Protestantesimo (m)	Protestantizëm (m)	[protɛstantízəm]
Chiesa (f) protestante	Kishë Protestante (f)	[kíʃə protɛstántɛ]
protestante (m)	Protestant (m)	[protɛstánt]

Ortodossia (f)	Ortodoksia (f)	[ortodoksía]
Chiesa (f) ortodossa	Kishë Ortodokse (f)	[kíʃə ortodóksɛ]
ortodosso (m)	Ortodoks (m)	[ortodóks]

Presbiterianesimo (m)	Presbiterian (m)	[prɛsbitɛrián]
Chiesa (f) presbiteriana	Kishë Presbiteriane (f)	[kíʃə prɛsbitɛriánɛ]
presbiteriano (m)	Presbiterian (m)	[prɛsbitɛrián]

Luteranesimo (m)	Luterianizëm (m)	[lutɛrianízəm]
luterano (m)	Luterian (m)	[lutɛrián]

confessione (f) battista	Kishë Baptiste (f)	[kíʃə baptístɛ]
battista (m)	Baptist (m)	[baptíst]

Chiesa (f) anglicana	Kishë Anglikane (f)	[kíʃə aŋlikánɛ]
anglicano (m)	Anglikan (m)	[aŋlikán]
mormonismo (m)	Mormonizëm (m)	[mormonízəm]
mormone (m)	Mormon (m)	[mormón]

| giudaismo (m) | Judaizëm (m) | [judaízəm] |
| ebreo (m) | çifut (m) | [tʃifút] |

| buddismo (m) | Budizëm (m) | [budízəm] |
| buddista (m) | Budist (m) | [budíst] |

| Induismo (m) | Hinduizëm (m) | [hinduízəm] |
| induista (m) | Hindu (m) | [híndu] |

Islam (m)	Islam (m)	[islám]
musulmano (m)	Mysliman (m)	[myslimán]
musulmano (agg)	Mysliman	[myslimán]

| sciismo (m) | Islami Shia (m) | [islámi ʃía] |
| sciita (m) | Shiitë (f) | [ʃíítə] |

| sunnismo (m) | Islami Suni (m) | [islámi súni] |
| sunnita (m) | Sunit (m) | [sunít] |

196. Religioni. Sacerdoti

| prete (m) | prift (m) | [prift] |
| Papa (m) | Papa (f) | [pápa] |

monaco (m)	murg, frat (m)	[murg], [frat]
monaca (f)	murgeshë (f)	[murgéʃə]
pastore (m)	pastor (m)	[pastór]

abate (m)	abat (m)	[abát]
vicario (m)	famullitar (m)	[famuɬitár]
vescovo (m)	peshkop (m)	[pɛʃkóp]
cardinale (m)	kardinal (m)	[kardinál]

predicatore (m)	predikues (m)	[prɛdikúɛs]
predica (f)	predikim (m)	[prɛdikím]
parrocchiani (m)	faullistë (f)	[fauɬístə]

| credente (m) | besimtar (m) | [bɛsimtár] |
| ateo (m) | ateist (m) | [atɛíst] |

197. Fede. Cristianesimo. Islam

| Adamo | Adam (m) | [adám] |
| Eva | eva (f) | [éva] |

Dio (m)	Zot (m)	[zot]
Signore (m)	Zoti (m)	[zóti]
Onnipotente (m)	i Plotfuqishmi (m)	[i plotfucíʃmi]

peccato (m)	mëkat (m)	[məkát]
peccare (vi)	mëkatoj	[məkatój]
peccatore (m)	mëkatar (m)	[məkatár]

peccatrice (f)	mëkatare (f)	[məkatárɛ]
inferno (m)	ferr (m)	[fɛr]
paradiso (m)	parajsë (f)	[parájsə]

| Gesù | Jezus (m) | [jézus] |
| Gesù Cristo | Jezu Krishti (m) | [jézu kríʃti] |

Spirito (m) Santo	Shpirti i Shenjtë (m)	[ʃpírti i ʃéɲtə]
Salvatore (m)	Shpëtimtar (m)	[ʃpətimtár]
Madonna	e Virgjëra Meri (f)	[ɛ vírɉəra méri]

Diavolo (m)	Djalli (m)	[djáɫi]
del diavolo	i djallit	[i djáɫit]
Satana (m)	Satani (m)	[satáni]
satanico (agg)	satanik	[sataník]

angelo (m)	engjëll (m)	[éɲɉəɫ]
angelo (m) custode	engjëlli mbrojtës (m)	[éɲɉəɫi mbrójtəs]
angelico (agg)	engjëllor	[ɛɲɉəɫór]

apostolo (m)	apostull (m)	[apóstuɫ]
arcangelo (m)	kryeengjëll (m)	[kryɛéɲɉəɫ]
Anticristo (m)	Antikrishti (m)	[antikríʃti]

Chiesa (f)	Kishë (f)	[kíʃə]
Bibbia (f)	Bibla (f)	[bíbla]
biblico (agg)	biblik	[biblík]

Vecchio Testamento (m)	Dhiata e Vjetër (f)	[ðiáta ɛ vjétər]
Nuovo Testamento (m)	Dhiata e Re (f)	[ðiáta ɛ ré]
Vangelo (m)	ungjill (m)	[unɉíɫ]
Sacra Scrittura (f)	Libri i Shenjtë (m)	[líbri i ʃéɲtə]
Il Regno dei Cieli	parajsa (f)	[parájsa]

comandamento (m)	urdhëresë (f)	[urðərésə]
profeta (m)	profet (m)	[profét]
profezia (f)	profeci (f)	[profɛtsí]

Allah	Allah (m)	[aɫáh]
Maometto	Muhamed (m)	[muhaméd]
Corano (m)	Kurani (m)	[kuráni]

moschea (f)	xhami (f)	[dʒamí]
mullah (m)	hoxhë (m)	[hódʒə]
preghiera (f)	lutje (f)	[lútjɛ]
pregare (vi, vt)	lutem	[lútɛm]

pellegrinaggio (m)	pelegrinazh (m)	[pɛlɛgrináʒ]
pellegrino (m)	pelegrin (m)	[pɛlɛgrín]
La Mecca (f)	Mekë (f)	[mékə]

chiesa (f)	kishë (f)	[kíʃə]
tempio (m)	tempull (m)	[témpuɫ]
cattedrale (f)	katedrale (f)	[katɛdrálɛ]
gotico (agg)	Gotik	[gotík]
sinagoga (f)	sinagogë (f)	[sinagógə]

moschea (f)	xhami (f)	[dʒamí]
cappella (f)	kishëz (m)	[kíʃəz]
abbazia (f)	abaci (f)	[ábatsi]
monastero (m)	manastir (m)	[manastír]

campana (f)	kambanë (f)	[kambánə]
campanile (m)	kulla e kambanës (f)	[kúɫa ɛ kambánəs]
suonare (campane)	bien	[bíɛn]

croce (f)	kryq (m)	[kryc]
cupola (f)	kupola (f)	[kupóla]
icona (f)	ikona (f)	[ikóna]

anima (f)	shpirt (m)	[ʃpirt]
destino (m), sorte (f)	fat (m)	[fat]
male (m)	e keqe (f)	[ɛ kécɛ]
bene (m)	e mirë (f)	[ɛ mírə]

vampiro (m)	vampir (m)	[vampír]
strega (f)	shtrigë (f)	[ʃtrígə]
demone (m)	djall (m)	[djáɫ]
spirito (m)	shpirt (m)	[ʃpirt]

redenzione (f)	shëlbim (m)	[ʃəlbím]
redimere (vt)	shëlbej	[ʃəlbéj]

messa (f)	meshë (f)	[méʃə]
dire la messa	lus meshë	[lús méʃə]
confessione (f)	rrëfim (m)	[rəfím]
confessarsi (vr)	rrëfej	[rəféj]

santo (m)	shenjt (m)	[ʃɛɲt]
sacro (agg)	i shenjtë	[i ʃéɲtə]
acqua (f) santa	ujë i bekuar (m)	[újə i bɛkúar]

rito (m)	ritual (m)	[rituál]
rituale (agg)	ritual	[rituál]
sacrificio (m) (offerta)	sakrificë (f)	[sakrifítsə]

superstizione (f)	besëtytni (f)	[bɛsətytní]
superstizioso (agg)	supersticioz	[supɛrstitsióz]
vita (f) dell'oltretomba	jeta e përtejme (f)	[jéta ɛ pərtéjmɛ]
vita (f) eterna	përjetësia (f)	[pərjɛtəsía]

VARIE

198. Varie parole utili

aiuto (m)	ndihmë (f)	[ndíhmə]
barriera (f) (ostacolo)	pengesë (f)	[pɛŋésə]
base (f)	bazë (f)	[bázə]
bilancio (m) (equilibrio)	ekuilibër (m)	[ɛkuilíbər]
categoria (f)	kategori (f)	[katɛgorí]
causa (f) (ragione)	shkak (m)	[ʃkak]
coincidenza (f)	rastësi (f)	[rastəsí]
comodo (agg)	i rehatshëm	[i rɛhátʃəm]
compenso (m)	shpërblim (m)	[ʃpərblím]
confronto (m)	krahasim (m)	[krahasím]
cosa (f) (oggetto, articolo)	gjë (f)	[ɟə]
crescita (f)	rritje (f)	[rítjɛ]
differenza (f)	ndryshim (m)	[ndryʃím]
effetto (m)	efekt (m)	[ɛfékt]
elemento (m)	element (m)	[ɛlɛmént]
errore (m)	gabim (m)	[gabím]
esempio (m)	shembull (m)	[ʃémbuɫ]
fatto (m)	fakt (m)	[fakt]
forma (f) (aspetto)	formë (f)	[fórmə]
frequente (agg)	i shpeshtë	[i ʃpéʃtə]
genere (m) (tipo, sorta)	lloj (m)	[ɫoj]
grado (m) (livello)	nivel (m)	[nivél]
ideale (m)	ideal (m)	[idɛál]
inizio (m)	fillim (m)	[fiɫím]
labirinto (m)	labirint (m)	[labirínt]
modo (m) (maniera)	rrugëzgjidhje (f)	[rugəzɟíðjɛ]
momento (m)	moment (m)	[momént]
oggetto (m) (cosa)	objekt (m)	[objékt]
originale (m) (non è una copia)	origjinal (m)	[oriɟinál]
ostacolo (m)	pengesë (f)	[pɛŋésə]
parte (f) (~ di qc)	pjesë (f)	[pjésə]
particella (f)	grimcë (f)	[grímtsə]
pausa (f)	pauzë (f)	[paúzə]
pausa (f) (sosta)	pushim (m)	[puʃím]
posizione (f)	pozicion (m)	[pozitsión]
principio (m)	parim (m)	[parím]
problema (m)	problem (m)	[problém]
processo (m)	proces (m)	[protsés]
progresso (m)	ecje përpara (f)	[étsjɛ pərpára]

| proprietà (f) (qualità) | cilësi (f) | [tsiləsí] |
| reazione (f) | reagim (m) | [rɛagím] |

rischio (m)	rrezik (m)	[rɛzík]
ritmo (m)	ritëm (m)	[rítəm]
scelta (f)	zgjedhje (f)	[zɟéðjɛ]
segreto (m)	sekret (m)	[sɛkrét]
serie (f)	seri (f)	[sɛrí]

sfondo (m)	sfond (m)	[sfónd]
sforzo (m) (fatica)	përpjekje (f)	[pərpjékjɛ]
sistema (m)	sistem (m)	[sistém]
situazione (f)	situatë (f)	[situátə]
soluzione (f)	zgjidhje (f)	[zɟíðjɛ]

standard (agg)	standard	[standárd]
standard (m)	standard (m)	[standárd]
stile (m)	stil (m)	[stil]
sviluppo (m)	zhvillim (m)	[ʒviɬím]
tabella (f) (delle calorie, ecc.)	tabelë (f)	[tabélə]

termine (m)	fund (m)	[fund]
termine (m) (parola)	term (m)	[tɛrm]
tipo (m)	tip (m)	[tip]
turno (m) (aspettare il proprio ~)	kthesë (f)	[kθésə]
urgente (agg)	urgjent	[urɲént]

urgentemente	urgjentisht	[urɲɛntíʃt]
utilità (f)	vegël (f)	[végəl]
variante (f)	variant (m)	[variánt]
verità (f)	e vërtetë (f)	[ɛ vərtétə]
zona (f)	zonë (f)	[zónə]